Mihi Mihi
Tantum Tantum

LE

JOURNAL DE COLLETET

LE

JOURNAL DE COLLETET

PREMIER PETIT JOURNAL PARISIEN

(1676)

avec une Notice sur COLLETET, gazetier

PAR

ARTHUR HEULHARD

PARIS

LE MONITEUR DU BIBLIOPHILE

34, RUE TAITBOUT, 34

1878

COLLETET GAZETIER

IDÈLE à son programme, qui est de concilier la curiosité avec la rareté, le *Moniteur du Bibliophile* réimprime une publication périodique qui dort dans les collections de la Bibliothèque nationale et de l'Arsenal un sommeil deux fois séculaire. Il s'agit du *Journal de la Ville de Paris* de Colletet et du *Journal des Avis et des Affaires de Paris* qui lui fait suite. On ne connaît que deux exemplaires du premier numéro, l'unique paru, du *Journal de Paris* (1), et un exemplaire seulement du *Journal des Avis et Affaires* (2). On ne me chicanera pas sur leur

(1) L'un à la Bibliothèque Nationale, l'autre à la Bibliothèque de la Ville. (Hôtel Carnavalet.)

(2) A l'Arsenal.

rareté. Et si j'ajoute que ce recueil est à la fois
l'embryon du petit journalisme contemporain et
le second essai d'annonces assimilables aux *Petites
Affiches* d'aujourd'hui, j'imagine qu'on ne me dis-
putera pas sur sa curiosité, car il contient le germe
des deux agents de publicité les plus puissants de
ce temps-ci.

Disons *ex abrupto*, pour ne plus avoir à le con-
fesser, que le parrain de ces genres florissants, est
ce pauvre diable de poëte que la satire de Boileau
a méchamment stigmatisé, ce Colletet *crotté jusqu'à l'échine* dont on a tant médit, bohème, et
ivrogne fieffé, si les échos du dix-septième siècle ne
mentent pas. J'aime à croire tout au moins qu'ils
exagèrent.

François Colletet, sur lequel on ne sait presque
rien au demeurant, était né à Paris en 1628 de
Guillaume Colletet et de sa première servante et
femme, car Guillaume, qui donnait dans le tor-
chon, avait épousé successivement ses trois servantes. Tallemant des Réaux parle des Colletet
en ses *Historiettes*, et affuble François du prénom
de Jean, ce qui est une erreur de sa mémoire.
Voici ce qu'il dit de Guillaume et de sa progéni-
ture. « Pour son fils, il l'a tousjours pris pour quelque
chose de merveilleux, et, dans l'élégie sur la naissance de monsieur le Dauphin, il l'offre à ce prince.
Ce fils pourtant n'est qu'un dadais. Un jour, en je
ne sçay quelle compagnie, il luy dit : « Jean Colletet, saluez ces dames. » Il les salua toutes et puis
il dit : « Mon père j'ay fait. » Je ne sçay quel moine

dans une traduction qu'il a faite de quelques pièces
de mademoiselle Skurmans (1) parle des éloges
qu'on a faits pour cette sçavante fille, et dit : « En
voicy un de Jean Colletet, fils de Guillaume, *facilement prince des poëtes françois.* » Cependant
comme nul n'est prophète en son pays, il est arrivé
que ce Jean Colletet ayant esté pris par ceux de
Luxembourg, il y a cinq ou six ans comme il allait
à Cologne offrir son service au cardinal Mazarin,
le gouverneur du pays et autres personnages ger-
maniques, le prirent pour un si galant homme, un
si grand poëte et un si grand orateur qu'après
l'avoir régallé deux ans durant, bien loing de lui
faire payer rançon, ils le reconduisirent tous jusqu'à la première place du roy de France. Cependant les pedants de Navarre (2), dez le carnaval
suivant, luy firent faire des vers burlesques pour
des intermèdes à une comédie, à cent sous le cent,
et on en disoit qu'ils pouvoient s'en faire relever
comme lésez d'outre moitié de juste prix. » Est-ce
comme soldat que Thomas Diafoirus fut pris par
ceux de Luxembourg? Goujet n'ose l'affirmer dans
sa *Bibliothèque françoise.* La chose se passait vers
1651; il fut arrêté par un parti d'Espagnols. Mais
fut-il conduit en Espagne, ainsi que le prétendent
Goujet et presque tous les biographes? Il n'y paraît
pas d'après l'anecdote de Tallemant. Il était détenu
dans le château de Porcheresses, où il resta pri-

(1) Anne-Marie Skurmans, de Cologne. On a recueilli ses
opuscules *hæbrea, græca, latina, gallica.* Leyde, 1648, in-8.

(2) Les professeurs.

sonnier pendant trois ans, mais sans y endurer le moindre mauvais traitement. L'anecdote de Tallemant et le madrigal de Guillaume Colletet intitulé : *le Prétendu prisonnier de guerre*, à M. de Ville, *sur la captivité de mon fils au chasteau de Porcheresses*, 1652, le laissent suffisamment deviner :

> O noble et généreux de Ville,
> Fais que mon fils, dans ta maison,
> Rencontre une douce prison,
> Ou bien un favorable azile;
> Si j'avois tout en mon pouvoir,
> J'emploierois tout pour le ravoir;
> Je donnerois pour luy l'or du Tage et du Gange;
> Car dans ces désordres flottans,
> Si je l'attends chez moy par un sortable eschange,
> Je crains avec raison de l'attendre longtemps.
> Capitaine pour capitaine
> Et général pour général,
> Par un flux et reflux fatal,
> Se prennent librement et se rendent sans peine.
> Mais les poëtes ravissans
> Nous sont de si rares présens
> Qu'à peine on en voit deux dans le siècle où nous sommes;
> Et puis, si l'on doit croire aux oracles des cieux,
> Mars ne veut pour captifs que les enfans des hommes;
> Et les poëtes sont de la race des dieux (1).

Dans son *Discours de la poésie morale*, paru en 1657, Guillaume gémit encore sur la captivité de son fils ; il a les larmes aux yeux quand il « se

(1) *Épigrammes* de G. Colletet, p. 135.

représente ce fils unique qui ne lui est plus visible
que par ses lettres, depuis plus de trois années que
l'Espagne triomphe d'une jeune liberté qui lui est
si chère. » Ce passage aura fait croire qu'il était
détenu en Espagne : il l'était, selon toute proba-
bilité, dans les Pays-Bas espagnols. En lui envoyant
son livre, le bon Guillaume recommande à François de prier Dieu non-seulement pour lui et pour
les ministres qui s'emploient à sa délivrance, mais
encore « pour ce vertueux seigneur dont le mérite
te captive encore plus que son fort de Porcheresse.
Et comme il est en possession de te traiter favora-
blement dans ta disgrâce, j'ose bien encore me pro-
mettre de sa bonté qu'il ne dédaignera pas de te
faire ce petit et nouveau présent de sa part ou de la
mienne. Je faisois ce juste souhait l'an 1654, lorsqu'une lettre de ce vertueux seigneur m'advertit
que par ses soins assidus, ou plutôt qu'à la recommandation du grand ministre de cet État, mon
filz avoit recouvré sa première liberté, et de fait
peu de tems après je le receus à Paris avec une joye
et une tendresse qu'on imagine bien mieux qu'on
ne le sçauroit exprimer. » A son retour, François
trouva les affaires de Guillaume dans un état si mi-
sérable que la plupart des écrivains ont appliqué
au père les deux terribles vers de Boileau qui vi-
sent le fils.

Il entra d'abord au service d'une famille noble
en qualité de précepteur. Il n'y resta point : c'était
une manière de neveu de Rameau. Il prit le parti
de vivre tant bien que mal de sa plume, et plutôt

mal que bien, ce me semble. M. Paul Lacroix a
cependant avancé qu'il était bourgeois de Paris,
comme son père, dont il avait hérité la maison de
la rue du Mûrier et la bibliothèque, celle-ci composée de romans, facéties, farces, mystères, vieux
poëtes français, etc., et évaluée à près de 300,000 fr.,
selon le cours actuel des livres. Bien mieux,
M. Lacroix ajoute qu'il a de bonnes raisons pour
croire qu'il avait réalisé des économies sur sa nourriture et son habillement. M. Hatin regimbe devant cette légende et prétend qu'il ne trouva rien
dans la succession de son père, pas même sa bibliothèque. Il est constant que la fortune paternelle
avait été fortement ébranlée dans les dernières années, et que l'or pur de l'honnête aisance avait été
remplacé par le plomb vil du dénûment. La jeunesse de François ressentit le contre-coup de ce
discrédit; il avait près de trente ans quand son
père mourut le 19 février 1659, dans une misère
qui força ses amis à se cotiser pour l'enterrer dé-
cemment.

Voilà Colletet sur le pavé. Eh ! bien, il en vivra !
N'est-ce pas accepter gaiement et philosophique-
ment les coups du sort ?

Guillaume Colletet n'avait pas négligé l'éduca-
tion de son fils. Il l'aimait tendrement; mais, dans
l'excès de son affection, il lui apprit à faire des vers
et composa pour lui ses traités de l'Epigramme, du
Sonnet, du Poëme bucolique, de la Poésie morale
et sa Nouvelle morale en quatrains. A dix-sept
ans, François alignait des rimes et nous savons par

le *Discours de la poésie morale* de Guillaume,
qu'en « 1650, il publia à Paris plus d'une cinquan-
taine de quatrains, intitulés les *Entretiens de la
semaine sainte*, tirés du latin du R. P. Dominique, chartreux, quatrains qui, sans flatteries, sont
tels que, comme leur jeune auteur y exhorte les
pécheurs à la repentance, il ne doit pas aussi se
repentir de les avoir faits. Les diverses et nouvelles éditions qui en ont paru pendant ces jours
de dévotion et de pénitence passent, à mon avis,
pour une marque visible de l'estime publique que
l'on en a faite. »

Mais n'ayant pas dans le sang d'aussi fortes raisons que celles du père pour admirer les poésies du
fils, nous jetterons par-dessus bord tous ses ouvrages en vers qui accusent une fécondité déplo-
rable ; nous n'avons signalé ce petit volume que
parce qu'il a échappé à la bibliographie. Malheu-
reusement pour Colletet, elle a soigneusement ca-
talogué le reste.

Mais notre étude ne veut voir dans Colletet que
le gazetier, le nouvelliste ou le journaliste, comme
on voudra.

Colletet choisit pour entrer dans la carrière le
moment de la fameuse entrée de Louis XIV et
de Marie-Thérèse d'Autriche que le roi était
allé épouser sur la frontière des Pyrénées. Il
était besoigneux et réduit au parasitisme. Il se mit
à la solde du libraire Loyson qui avait pour con-
current le libraire Besongne, et qui entretenait avec
lui une véritable guerre de factums, mémoires,

éloges, portraits, descriptions et narrations, inspirés par les circonstances.

Il faut se reporter aux plus grands jours de la badauderie parisienne pour se faire une idée de l'anxiété avec laquelle on attendait le jour fixé pour la cérémonie. Paris regorgeait de provinciaux et d'étrangers pillés par les hôteliers et ne sachant comment regagner leur pays, l'entrée royale étant constamment différée (1).

Colletet s'attacha aux faits et gestes du roi, de Mazarin, et de l'infante d'Espagne comme à une proie. Pendant une année entière, il lança dans Paris, à travers les fenêtres de Loyson, une myriade d'opuscules enfantés en quelques heures, composés et tirés à la hâte, sur l'objet qui captivait la curiosité publique. Les négociations préliminaires du traité de paix des Pyrénées, le voyage du couple royal à travers la France ville par ville, château par château, les fêtes et réjouissances qui marquèrent et suivirent la fameuse entrée du 26 août 1660, tout sujet capable d'allumer, de surexciter ou d'apaiser l'intérêt, était instantanément couché sur le papier. Il est certain que l'année de l'Entrée fut son année de la comète, et qu'il dut sentir momentanément la supériorité de la prose sur les vers, au point de vue du garde-manger.

Qui pourra dresser la liste de toutes les brochures éphémères jetées par Colletet en pâture à

(1) *Requeste* (en vers) présentée à M. le prévost des marchands par cent mille provinciaux qui se ruinent à Paris en attendant l'entrée (Ch. de Sercy, 3 p. in-4).

la foule? En voici un aperçu bibliographique, le plus complet qui ait jamais été fait, malgré des lacunes inévitables :

Le parfait portrait de Marie-Thérèse, infante d'Espagne et reyne de France. (A Paris, chez Jean-Baptiste Loyson, rue Saint-Jacques, à la Croix-Royale près la poste, 1659, avec permission, 8 p. in-4.)

Autre édition en 1660.

Ce petit poëme qui recule les bornes du médiocre, est signé des initiales F. C. et précédé de l'anagramme de Marie-Thérèse d'Autriche, infante d'Espagne : « Ne mérites-tu pas d'estre reine de France? » Il fut composé au moment de la paix des Pyrénées. Colletet, devançant presque les peintres et les graveurs, présente aux Parisiens le portrait de celle qui sera leur reine. Le privilége du lieutenant civil Daubray est du 9 août 1659. Le catalogue de la Bibliothèque Nationale mentionne une autre édition sous le titre de *Description du parfait portrait*, etc., en 1659.

Journaux historiques contenant tout ce qui s'est passé de plus remarquable dans le voyage du Roi et de son Éminence, depuis leur départ de Paris, le 25 juin de l'an 1659, pour le traité du mariage de Sa Majesté, et de la paix generalle jusqu'à leur retour, avec une exacte recherche de ce qui s'est fait dans les conférences des deux ministres, et dans le mariage du Roi avec l'infante d'Espagne à Fontarabie, et à Saint-Jean-de-Lus, et leur entrée dans toutes les villes de leur passages (*sic*) et leur triomphe dans leur bonne ville de Paris par le sieur F. C. (Paris. Loyson 1660.) Ces *journaux* sont divisés en quatre parties formant comme autant de numéros d'un journal, précédés de la rubrique : Premier, deuxième, troisième et quatrième journal, et reliés par une pagination suivie. C'est en effet, la réédition de quatre journaux parus chez Loyson en 1659, au fur et à mesure des événements, et dont la Bibliothèque nationale possède les originaux. L'exemplaire de la Bibliothèque de la ville a 60 pages qui s'arrêtent au séjour du roi à Toulouse au mois de décembre 1659.

Nouveau journal historique contenant la relation véritable et fidèle de ce qui s'est passé au voyage du Roi et de Son Éminence, et aux cérémonies du mariage de Sa Majesté, célébrées à Fontarabie et à Saint-Jean-de-Luz. (Paris. A. Lesselin, 1660, in-8.)

Suivi d'une *seconde relation* (Lesselin 1660) qui doit être de Colletet.

Nouvelle relation contenant l'entrevue et serment des rois pour l'entière exécution de la paix. (Loyson, 1660). Réimpression du précédent journal, avec des abréviations dans les dernières pages.

Suite de la nouvelle relation contenant la marche de Leurs Majestés pour leur retour en leur bonne ville de Paris. (Paris, J.-B. Loyson, 1660, in-4.)

Dernière relation contenant le retour de Leurs Majestés jusqu'à Fontainebleau.

Ces deux dernières relations, non signées, sont évidemment de lui.

L'explication des figures et peintures qui sont représentées pour l'entrée du Roi et de la Reine. (Paris, J. Promé, 1660, in-4.)

Description des tableaux, peintures, dorures, brodures, reliefs, figures et autres enrichissements qui seront exposés à tous les arcs de triomphe, portes et portiques, pour l'entrée de Leurs Majestés ; ensemble beaucoup d'autres particularités dont on n'a point encore parlé jusqu'à présent. (Paris. J.-B. Loyson, 1660, in-4.), Suite du précédent. Le privilége est accordé à F. C.

Les grandes magnificences préparées pour l'entrée triomphante de Leurs Majestés, etc. (comme ci-dessus). (Paris. Loyson, 1660, in-4.)

Même ouvrage que le précédent, vendu encore sous le titre d'*Explication et description*, etc.

Explication des devises générales et particulières des tableaux, figures en relief, plates-peintures et médailles qui sont aux portes et portiques des arcs de triomphe élevés à la gloire de Louis XIV, roi de France et de Navarre et de Marie-Thérèse d'Autriche, infante d'Espagne et reine de France, aux faubourg et porte Saint-Antoine, cymetière Saint-Jean, Pont Notre-Dame, Marché-Neuf et Place Dauphine : le tout fidèlement expliqué et traduit en vers et en prose. L'explication des tableaux est en trois cahiers séparés. (Paris. J.-B. Loyson, 1660, in-4.)

Il en a été fait d'autres éditions chez Loyson avec de légères modifications dans les titres.

La description des arcs de triomphe élevés dans les places publiques pour l'entrée de la Reine ; avec la véritable explication en prose et en vers des figures, ovales, termes, portiques, devises et portraits qui sont tant au faubourg que porte Saint-Antoine, cimetière Saint-Jean, Pont Notre-Dame, Marché-Neuf, Place Dauphine,

etc; ensemble diverses remarques curieuses et particulières pour les amateurs de l'histoire, et l'ordre que
leurs Majestés observeront dans leur marche depuis
Vincennes jusques au Louvre. (Paris. J.-B. Loyson,
1660, in-4.)

Le privilége est accordé au sieur F. C. Autre édition,
avec additions, sous le titre de : *La véritable explication
en prose et en vers des figures ovales*, etc. (Loyson, 1660,
in-4.)

La liste generalle et particulière de MM. les colonels, capitaines, lieutenants, enseignes, et autres officiers bourgeois de la ville et faubourgs de Paris ; avec
l'ordre qu'ils doivent tenir dans leur marche et dans
les autres cérémonies qui s'observeront à l'entrée royale
de leurs Majestés ; ensemble les noms, qualités et
quartiers des colonels; avec les livrées qu'ils doivent
faire porter à chacune de leurs compagnies (Loyson,
in-4, 1660).

Le privilége est accordé à F. C.

Ordre general et particulier de la marche qui doit
être observée dans ces trois jours consécutifs pour
l'Entrée de leurs Majestés dans leur bonne ville de
Paris par messieurs du Clergé, par messieurs des Cours
souveraines, messieurs les Prévost des marchands,
Echevins et Bourgeois de ladite ville, prevost de l'Isle,
chevalier et lieutenant du guet, etc., avec la description
des superbes appareils de la Cour, et des magnificences
de la milice bourgeoise. (Paris, Loyson 1660 in-4 de
12 p.)

Le privilège est du 20 mai ; à cette date, Colletet
a déjà passé avec son libraire un traité par lequel il

lui cède et transporte ses droits au débit et à la vente de ses brochures.

On doit également attribuer à Colletet : *la Cavalcade royale* contenant la reveue générale de MM. les Colonels et Bourgeois de Paris faite au Fort de Vincenne, en présence du Roy et de la Reyne, pour la disposition de leurs magnifiques Entrées dans leur bonne ville de Paris. (Loyson, 1660, in-4, de 8 p.)

Il y rappelle ses relations précédentes, dans lesquelles il faisait la promesse de décrire plus amplement les exercices de la milice bourgeoise à la revue de Vincennes qui est du 23 août, trois jours avant l'entrée.

Le Feu royal et magnifique qui se doit tirer sur la rivière de Seine, en présence de leurs Majestez, par ordre de Messieurs de la Ville, avec la description des devises, peintures, architectures, artifices qui doivent paraître dans le vaisseau destiné pour cette magnificence publique. (Loyson, 1660, in-4, de 7 p.)

Ce feu d'artifice fut tiré le 29 août.

Nouvelle relation contenant la royalle entrée de leurs majestés, dans leur bonne ville de Paris le vingt-sixieme aoust 1660, avec une exacte et fidèle recherche de toutes les cérémonies qui se sont observées, etc. ; ensemble les noms des Princes, Ducs, Pairs, Maréchaux de France, Seigneurs et autres personnes remarquables. (Paris, Loyson, 1660, in-4, gravure). Réimpression retouchée d'une édition précédente faite avec précipitation chez le même Loyson sous le titre de *Relation de toutes les particularités* qui se sont faites et passées dans la célèbre entrée, etc. Le privilége est accordé à François Colletet, qui l'a cédé à Loyson. Il y a eu

2

d'autres éditions. Au fur et à mesure qu'elles s'enle-
vaient, on changeait quelque chose au titre pour
allécher l'acheteur.

Colletet s'est voué à la brochure d'actualité
sœur du journalisme. En 1661 il donne :

La description du feu d'artifice construit dans la
place de Grève par l'ordre de MM. de la Ville pour la
naissance de Mgr le Dauphin (s. l. n. d. in-4).

Et tout nous autorise à croire qu'il n'en est pas
resté là (1). Colletet était admirablement préparé à
la matière : il connaissait Paris à fond ; en 1664, il
avait publié un *Abrégé des annales de Paris* de
Malingre, et plus tard, un guide portatif de la
Ville de Paris (2), d'un usage très commode. « On
se doute bien, dit-il dans l'*avis* de ce dernier, qu'il a
fallu faire de fréquentes allées et venues dans cette
fameuse capitale, pour découvrir les lieux les plus
cachez, et les choses les plus antiques qu'elle ren-
ferme dans son précieux sein.» En 1665, il avait fait
paraître *le Tracas de Paris*, prêt depuis 1658, si
utile à l'étude des mœurs du menu peuple, et si

(1) A preuve :
Le *Mercure Guerrier* contenant les victoires du Roi dans
la Hollande, dans la Flandre, dans la Franche-Comté...
avec ce qui s'est passé de plus galant dans la Cour de Monseigneur le Dauphin, par le sieur Colletet. (Loyson 1674,
in-12.) Autre édition chez Loyson sous le titre : *la Campagne du roi dans la Franche-Comté*, etc.

(2) Le permis d'imprimer est de 1671. Édition en 1677,
1679, 1689, 1699, et sous le titre de: *Les rues de Paris*, 1722.

souvent consulté par ceux qui étudient,aux sources
du pittoresque,les manifestations de l'activité parisienne. Il va de pair avec Claude le Petit, avec
Berthod, avec Scarron, avec Loret.

Nous voici arrivé au point de la vie de Colletet
où sa vocation de journaliste s'affirme matérielle-
ment par la création de feuilles publiques. Colletet, malgré qu'en aie la tradition, avait le sens
pratique des affaires et la science du marché, autant
et plus qu'homme de France.

Las d'explorer familièrement et en observateur
les bas-fonds de Paris, il songea à tirer parti des
solides connaissances qu'il avait acquises tout en
philosophant de taverne en taverne.

Vers 1676, il sollicita et obtint la concession d'un
Bureau d'adresse et de renseignements, à l'instar
de celui qui avait été accordé à Renaudot pour tout
le royaume et à perpétuité.

Les héritiers Renaudot avaient-ils laissé tomber
ce monopole en désuétude ? Il est constant que les
feuilles de l'ancien Bureau d'adresse avaient cessé de
paraître depuis plusieurs années, faute de clientèle.
Au surplus, à cette époque, les privilèges se greffaient
volontiers les uns sur les autres, sous la condition
de quelques déguisements dans leurs dispositions.
Colletet se sentait fort du sien,qui lui avait été con-
cédé par lettres patentes confirmées par Louis XIV.
Il le dit en tête du numéro 6 de son *Journal de
Paris*. Il se crut autorisé à faire imprimer les nouvelles qui parvenaient à son bureau (là était l'inno-
vation) en même temps que les avis (là était le pla-

giat), et le dimanche 5 juillet, il lançait le premier
numéro du *Journal de la Ville de Paris,* en 8 pages in-4.

« Trois journaux existaient déjà, dit M. Hatin (1) :
la Gazette, créée par Renaudot en 1631, avait le
monopole de la presse politique, et même commer-
ciale; *le Journal des Savants,* fondé en 1665, avait
celui de la presse littéraire; *le Mercure,* qui datait
de 1678, celui de la petite presse, de la presse légère
semi-littéraire, semi-politique. » En créant *le Journal de Paris,* Colletet empiétait sur leurs priviléges,
notamment sur ceux de *la Gazette* et du *Mercure.*
On le lui fit bien voir; son entreprise fut attaquée
dès son apparition. C'est ce qui résultait implici-
tement d'une lettre du marquis de Seignelay à la
Reynie, datée de Saint-Germain-en-Laye, le 27 novembre 1676, et reproduite dans *la Correspon-
dance administrative sous le règne de Louis XIV :*
« J'ai rendu compte au Roi du mémoire que vous
avez donné à mon père au sujet du *Journal des
affaires de Paris,* que le nommé Colletet s'est
ingéré de faire imprimer. Sa Majesté m'a ordonné
de vous dire qu'elle veut que vous en défendiez le
débit et l'impression. » Mais cette lettre, on le
remarquera, énonçait un titre différent du premier :
il s'agit ici d'un *Journal des affaires de Paris.* Que
s'était-il donc passé, et pourquoi Colletet avait-il
changé son titre primitif contre un second moins
bref et moins net? Il faut croire qu'une première

(1) *Bulletin du Bibliophile,* 1861, p. 617.

interdiction pesa sur *le Journal de la ville de Paris*, qui fut arrêté dès le premier numéro, et que
dans l'intervalle, Colletet ayant trouvé un biais
judiciaire ou quelque appui è la cour, avait réussi
à le continuer avec une modification dans le titre.

En effet, à la fin du mois de juillet 1676, Colletet fit paraître, dans le même format in-4, un
« *Journal des avis et des affaires de Paris*, contenant ce qui s'y passe tous les jours de plus considérable pour le bien public, » et qui dura jusqu'à la
fin de novembre, avec 18 numéros. Il était hebdo-
madaire. C'est à ce second recueil que s'appliquait
la lettre de Seignelay à la date du 27 novembre.
M. Hatin ne le connaissait pas quand il écrivait
son *Histoire de la Presse*. Voici comment il en
apprit l'existence.

En 1861, M. Prosper Blanchemain, à qui l'on
doit une excellente édition de Ronsard, s'était
préoccupé de déterminer l'emplacement de la maison de Guillaume Colletet et de François Colletet,
son fils, maison qui avait été habitée par Ronsard.
Il se trompa, en lui assignant comme situation, la
rue Neuve-Saint-Étienne-du-Mont, ancienne rue
des Morfondus. M. Paul Lacroix, toujours à l'af-
fût de toutes les pistes, rectifia cette erreur dans
une lettre adressée au *Bulletin du bouquiniste*
du 15 juin 1861, et prouva, jusqu'à l'évidence, que
la maison de Ronsard, devenue celle de Colletet,
était située à l'entrée du faubourg Saint-Marcel,
dans la rue du Mûrier, ancienne rue Pavée, qui
avait changé de nom en mémoire du mûrier sous

lequel la Pléiade avait tenu ses séances. Il appuyait
son dire sur l'adresse du bureau que François Colletet indiquait à ses lecteurs à la fin d'un certain
Journal des avis et des affaires de Paris, dont il
transcrivait tout au long le titre. Plus de doute,
le *Journal de Paris* avait une suite : M. Lacroix
l'avait tenue dans ses mains à la bibliothèque de
l'Arsenal ; mais elle avait échappé aux recherches de
M. Hatin, faute d'une indication suffisante au
catalogue, comme l'a reconnu le savant historien
de *la Presse* dans un article inséré au *Bulletin du
Bibliophile* de 1861 (p. 609 et suiv.) : *Un Gazetier du dix-septième siècle;* FRANÇOIS COLLETET.

Mais, s'il avait modifié son titre, Colletet n'avait
rien changé à ses allures de gazetier : il continua
bravement sa collecte de faits divers et de nouvelles
quotidiennes, ses annonces de librairie, de premières représentations de l'hôtel de Bourgogne, des
Italiens de la rue Guénégaud, etc. Nous ne les dé-
florerons point par des citations anticipées. Chacun
de nos lecteurs, selon le tour particulier de son esprit
et de ses études, en fera son profit et en tirera la leçon.
Il n'y a pas de minuties qui ne puissent être utilisées
pour l'histoire des mœurs intimes de Paris. Colletet
les renforce, comme dans son *Journal de Paris*,
d'une annexe en italiques intitulée : *Avis et affaires de la semaine apportez au bureau du sieur
Colletet pour en informer le public.* Cette partie
n'est pas la moins piquante. Il offre sa publicité
aux annonces de librairie, aux annonces d'emploi,
aux échanges de terrains à bâtir, aux maisons et béné-

fices à vendre, etc.; mais il évite généralement de livrer
les noms et adresses de ceux qui se servent de son
entremise, selon les exigences de ses honoraires, et
pour assurer la perception de son droit de commis-
sion. On y sent le germe des mille systèmes de
réclame qui ont été depuis poussés à la dernière
perfection. Il eût bien voulu apprendre aux Parisiens le chemin de son bureau; mais la rue du
Mûrier étant très éloignée du centre, il alla s'établir
proche le Palais, comme l'avait fait Renaudot.

Le pauvre Colletet, en dépit de ses bravades, était
inquiété par les journaux privilégiés. A partir du
n° 7, il élimine du titre le mot *Journal;* un peu
plus tard, il supprimera complétement les faits
divers proprement dits. Il est acculé et réduit à
l'ordinaire d'un bureau de renseignements. Enfin,
la lettre de Seignelay que nous avons citée ayant
produit son effet, les *Avis et affaires de Paris* ren-
trent en terre avec dix-huit numéros (1).

(1) Une note manuscrite très ancienne, en marge d
l'exemplaire de la Bibliothèque de l'Arsenal, porte que la
publication a duré du dimanche 5 juillet 1676, jusqu'à janvier
1679. L'annotateur englobe dans cet intervalle les cahiers
du *Bureau académique*, créé par Colletet après la suppres-
sion de son *Bureau d'adresse*, et paru sous ce titre :
« *Bureau académique des honnêtes divertissements de l'esprit*,
où, dans quelques feuilles que l'on distribuera toutes les
semaines, on trouvera les entretiens familiers de diverses
personnes scientifiques sur la philosophie en général,
la morale, le droit, la poésie française, les poetes qui l'ont
cultivée, les fables et diverses autres matières aussi utiles
qu'agréables.—Ouvrage pour former les jeunes esprits sur

Dans son *Histoire politique et littéraire de la Presse en France* (Poulet-Malassis, 1859. T. II, p. 7 et suiv.), M. Eugène Hatin insiste vivement sur l'intérêt et la rareté de la publication tentée par Colletet. Il en fait ressortir plusieurs particularités intéressantes. Il se demande d'abord s'il ne faut pas inférer du titre de départ « Nouveau *Journal de la ville de Paris* » qu'il avait été précédé par d'autres. Il signale encore à l'attention les deux pages d'annonces imprimées en italiques, p. 7 et 8. C'est la première fois, à sa connaissance, que « cette disposition se rencontre. » C'est la première fois, il est vrai, que les annonces font corps avec un journal.

Mais il ne faut point s'arrêter à la précédente observation. Il suffit de lire et de comparer les quelques paragraphes du *Journal des Avis*, relatifs au fond même de l'entreprise, pour voir que Colletet n'y fait point allusion à des précédents qui lui soient personnels : il regrette simplement la dispa-

toute sorte de sujets afin de les rendre capables de paraître au barreau, dans les chaires publiques et dans la conversation des doctes — avec la bibliographie de Paris, pour l'utilité de ceux qui dressent des bibliothèques, tant françois qu'étrangers. — Dédié à Monseigneur le Dauphin par le sieur Colletet de la maison de mondit seigneur — Chez l'auteur sur le quai Royal de l'Horloge du Palais, 1677 in-4.

M. Hatin n'a eu connaissance que de 11 numéros de ce recueil. Colletet avait repris l'idée des conférences organisées par le *Bureau d'adresse de Renaudot* et publiées sous le titre de *Recueil général des questions traitées ès conférences du Bureau d'adresses*, par Eusèbe Renaudot.

rition du *Bureau d'adresse* de Renaudot. En qua-
lifiant de *nouveau* le *Journal de la Ville de Paris*,
il est probable qu'il cède à l'envie de rappeler au
souvenir de ses clients les quelques relations jadis
publiées par lui sous la rubrique : *Journaux historiques*, etc.

Rien de tout cela n'avait enrichi Colletet, qui
avait renoncé à cet autre moyen de s'enrichir, qui
consiste à payer ses dettes. On ne sait trop quand
il mourut. Il vivait encore en 1680, car Richelet
dit dans son Dictionnaire qu'un « rat de cave gagne
tous les ans 7 ou 800 francs, tandis que le pauvre
François Colletet fait poëme sur poëme, et n'en
gagne pas le quart d'autant. » Rendons au moins
justice à sa belle philosophie : il supportait la misère héroïquement, toujours rimant, bouffonnant
et noctambulant.

Colletet, tu es venu trop tôt dans un monde trop
jeune !

Tu avais un tempérament de reporter très accusé.
On a essayé de te défendre contre les deux vers de
Boileau :

> Tandis que Colletet, crotté jusqu'à l'échine,
> S'en va chercher son pain de cuisine en cuisine.

La précaution était inutile, car si le second prouve
que tu n'étais point riche, toute ta gloire tient dans
le premier. Si tu es crotté jusqu'à l'échine, c'est que
tu fais ton métier de nouvelliste en conscience, que
tu n'es point poëte appointé par la cour, et que
ta bourse ne te permet pas d'aller autrement qu'à

pied. Va devant toi! Ton humeur te pousse à
tailler dans le vif du Paris grouillant et trétillant,
à mettre le doigt sur les pulsations de sa veine, à
courir de quartier en quartier pour enregistrer
l'anecdote, l'accident, le racontar des commères, et
tu te crottes... jusqu'à l'échine, s'il le faut! mais
pour le bon motif, et en chroniqueur zélé! Colletet,
ton siècle est venu. Tu serais fortement appointé
dans celui-ci par un journal du boulevard; tu te
carrerais fièrement dans une voiture au mois, et
Boileau, traversant la chaussée, quelque peu crotté
lui-même, saluerait prudemment cette influence
qui passe!

ARTHUR HEULHARD.

JOURNAL

DE LA VILLE

DE PARIS

Contenant ce qui se passe de plus
mémorable
pour la curiosité et avantage du public

ARMES DE LA VILLE DE PARIS

A LA GRAND'NEF

A PARIS

Chez MILLE DE BEAUJEU, r. S. Jacques
près Saint Yves, à la Perle.

M. DC. LXXVI
AVEC PRIVILÉGE DU ROY

NOUVEAU JOURNAL
DE LA VILLE
DE PARIS

Contenant ce qui se passe de plus
mémorable
pour la curiosité et avantage du Public

L E règne de Louis XIV est si digne de vivre
dans la mémoire des hommes, que depuis
que ce grand prince a pris luy-mesme le soin
et la connoissance des affaires, non-seulement les
Années, mais même les Semaines, les Jours et les
Momens en sont Précieux et remarquables; c'est
ce qui nous a convié d'écrire l'Histoire de chaque
Jour sous le titre de Journal, affin d'aprendre aux
siècles avenir, tous les glorieux succez de ce Tems,
par lesquels on connoistra la félicité du Gouvernement, la tranquilité des Peuples, les mœurs, la
grandeur, et la manificence du Royaume; Notamment de Paris qui en est La capitale; La Clémence
et la Justice du Roy, qui procure le repos et le
bonheur du Public.

Du vingt-septieme juin 1676, où commence ce

Journal. L'on tira dès la pointe du jour le Canon
de l'Arcenal, de la Bastille, et du Chasteau de Vincenne; L'on chanta ensuitte le *Te Deum* à Notre-
Dame, où le Parlement se trouva avec les Cours
Souveraines, et le Soir la Ville ordonna des Feux
de Joye à cause de la Victoire mémorable remportée
par le Marechal Duc de Vivonne, à la Rade de
Palerme, sur les Armées Navales d'Espagne et de
Hollande, ce qu'on peut voir plus en détail dans
les Gazettes et dans la relation du Combat.

Dimanche vingt-huict juin. Dans l'Eglise de
Saint Martin des Champs l'Abbé Thévenin fit le
Panégirique de ce saint, a cause de la Feste de la
Translation de ses reliques qui se fait tous les ans
le quatre de juillet. On publia aux prosnes des
Parroisses un monitoire, à la Requeste d'Antoinette
Nicolas, femme de Gabriel Moussinot, Avocat et
Nottaire Apostolique, A l'encomtre de certain Es-
tallié Boucher du Marché Neuf, dont elle a esté
battue et excedée. Le Chevalier de Lorraine arriva
de l'armée du Roy, indisposé. La chaleur fut
grande, une infinité de Carosses s'assemblerent
vers la porte de Saint Bernard, et l'on voyoit depuis Charenton jusques à Auteuil, la Seine remplie
de Bateaux et de monde, qui se Baignoit; Ce jour
l'on trouva plus de vingt personnes noyées.

Lundy vingt-neuf juin. On Célébra la Feste
de Saint Pierre et Saint Paul, dans l'Eglise des
Arcis de la Cité, où estoient les Indulgences Plé-
nières avec exposition du Saint Sacrement, l'Abbé
le Fevre y Prescha. Le monde continua de se

Baigner, à cause de la chaleur excessive, et l'on trouva douze corps noyés, à l'entré de la nuict. Madame de Thiange, au vieux Louvre où elle loge, fit tirer quantité de feux d'Artifices, en faveur de la Victoire remportée par le Mareschal Duc de Vivonne son Frère, sur les Ennemis; Quelques cartouches de poudre crèverent; qui blessèrent quelques personnes, et en tuèrent une. Ladite Dame donna en suite un Regal aux principales Dames de la Cour.

Mardi 3o juin. On solemnisa la feste de S. Marcial dans son église paroichiale, où furent les Prières de 40 heures pour le Roy, et M. Feuillet chanoine de St-Clou fit le Panégyrique du Saint. Les deux chambres du Parlement, la grande et la Tournelle continuerent leur assemblée, comme elles avoient fait depuis plusieurs jours, sur l'affaire de Mad. de Brinviliers, Mad d'Aubray, accompagnée de ses proches poursuivit ses solicitations envers les juges; M. Godart, Conseiller de la grande chambre ayant esté recusé par ceux qui plaident pour ladite Dame de Brinviliers; sur ce qu'il devoit à Mad d'Aubray, paya son Intendant sur le champ quoy que la somme fut considérable, et l'on ne doute pas ainsi qu'il ne puisse estre un de ses juges. La chaleur fut plus grande qu'elle n'avoit jamais esté, et l'on s'en apperçut bien à la représentation d'Atys, qui tarit tellement les Bourses qu'il ne s'y trouva que pour dix Louis de spectateurs. Les bains furent frequentez, diverses Personnes se trouverent encore noyées, et quelques femmes et filles s'estant trop panchées

sur le costé d'un Bateau, le renverserent et péri-
rent.

JUILLET

Mercredy premier de ce mois, à trois heures
du matin déceda M. Louis de Bassompierre Abbé
de Clery, de Banquerville, de S-Volusian de Foix,
cy-devant evesque d'Oleron, et ensuite de Xaintes,
dans le quartier du Marais. L'on afficha la vente
d'une Maison par licitation au nouveau Châtelet
de Paris, sur l'enchère de 5,350 livres. On trouva
à cinq heures du matin au pré aux Clercs, le corps
d'un jeune homme qui paroissoit de condition,
percé de plusieurs coups d'epée, et la justice cherche les auteurs du meurtre. L'étallié Boucher
contre lequel l'on publia le Monitoire le 28 juin,
fut puny par sentence du Châtelet. M. Honoré
Barentin, Président au grand Conseil, acheva son
semestre, et M. le président Rebours commença
le sien, comme firent les autres pareillement. L'on
vit passer plusieurs Cadavres noyez que l'on portait,
et l'on dit que depuis 15 jours que la chaleur dure
plus de 400 personnes sont peries dans l'eau, et une
partie de ce facheux accident arriva par la malice
ou par l'imprudence de quelques uns qui lasche-
rent ou couperent le chable ou l'on se tient d'ordinaire. Ce mesme jour M. le prince arriva de Chan-
tilly.

Jeudy 2 juillet. On célébra aux carmes de la
Place Maubert à 6 heures du matin, une messe

d'ancienne fondation pour les Docteurs de Sorbonne, où plusieurs de ces Mrs. assisterent en Robes et Fourures. On fit la Feste de la Visitation de la Vierge dans l'Église de St-Sauveur, où le Père Olivier Récolet prescha. M. le Chancelier après quelques jours de séjour à Paris, partit pour St-Germain en Laye. M. le Comte estant arrivé de la Cour de Savoye en cette ville, entièrement guery de la petite verole, a fait partir son équipage pour l'armée, afin de le suivre bien tost.

Sur le soir il y eût une ondée de pluye, qui néanmoins ne troubla pas le bain, après laquelle on vid paroistre sur la Seine audelà de la porte S. Bernard, trois différents Bateaux chargez de violons, deux desquels estoient inconnus, et dans l'autre estoient ceux de l'Opera que M. Herval Intendant des finances donna à Mesd. la Présidente de Mesme, de Gouvernay, mademoiselle la Bazinière, et autres de la famille; qui furent ensuitte régalées par M. de Rambouillet à Rambouillet mesme.

Vendredy 3 juillet. Par la pluye d'hyer le temps se trouva tout à fait rafraichy. L'on fit afficher l'histoire chronologique de la grande Chancellerie de France, et son Origine, qui se débite chez Pierre le Petit rue S. Jacques à la Croix d'or. Mr. le Chevalier de Loraine a trouvé l'air de Paris meilleur pour sa santé, que celui de Flandre.

Samedy 4 juillet. L'on fit le Convoy, Service et

Enterrement de Madlle Gilot, dans la paroisse de
S. Paul. Les deux Chambres ont travaillé sans relâche le reste de la semaine au procez de M. de
Brinviliers, et l'on dit qu'on en est à l'examen des
interrogatoires. On a permis au Père Chevigny de
l'Oratoire de la voir et de la consoler. L'on ne sçait
point encore par l'état présent de l'affaire de M. Pe-
notier, qu'elle en sera l'issue, ses proches et ses
amis sollicitent incessamment pour luy, dans la
connoissance qu'ils ont de sa probité, disant qu'ils
cesseroient leurs poursuittes s'ils ne le croyent pas
tel, et qu'il n'est pas peut-estre le premier à qui de
pareilles disgraces arrivent. M. le Prince disna
chez M. le Maréchal de Grammont. Il est sorty
quantité de chevaux de relais et d'autres, de cette
Ville qui sont envoyez pour le retour du Roy.

AVIS ET AFFAIRES

DE LA SEMAINE

*S*y quelcun desire mettre des Enfans en penssion : On sçait un honneste homme pour cet employ.

On donnera connaissance d'un autre homme pour écrire et déchiffrer toute sorte d'affaires, tant de Palais que du Châtellet, de quelque nature qu'elles puissent estre.

Un autre se présente encore pour estre Concierge ou Œconome d'une Maison, soit au Champs ou à la Ville ; très-capable de cet employ.

Une personne a perdu un sac de Toille cousu, dans lequel il y avait huit cent livres en Louis et Escus d'Or : Si quelcun en donne avis on luy fera donner la récompense promise.

Un honneste homme a trouvé une Méthode nouvelle pour apprendre à lire en fort peu de tems à la Jeunesse ; Quiconque en aura besoin pourra s'adresser au Bureau et on l'indiquera.

Un autre consommé dans la Langue Grecque ; en fait des Répétitions et des Leçons particulières chez lui, en l'Isle du Palais, sur le Guay de l'Orloge, à la Croix d'Or ; en faveur de ceux qui aspirent à la Médecine et qui en veulent parfaitement apprendre les termes.

On vend chez Helye Josset, rue Saint Jacques, à la Fleur de Lys d'Or, l'Histoire de Tertulien

et d'Origenes, qui contient d'excellentes Apolo-
gies de la Foy contre les Payens et les Héré-
tiques, par M. de la Motte.

    Un autre Livre intitulé les devoirs du Chres-
tien, ou catechisme en faveur des Curez et des
Fidelles. Par M. Joly, Evesque et Comte d'Agen.
Se vend chez Michalet, rue Saint Jacques à l'Image
Saint Paul, près la Fontaine St-Séverin.

    Abbrégé de l'Histoire de Provence, par
M. Louvet, Historiographe de S. A. R. Souve-
raine de Dombes, qui contient plusieurs Mémoires
qui ont esté inconnus aux Autheurs qui en ont cy-
devant écrit. Se vend chez René Guignard rue
Saint Jacques près Saint Yves, à l'Image St-Ba-
sile.

    On vend chez J. Baptiste Loyson, devant la
Sainte Chapele à la Croix d'Or. Les Tableaux
sacrez de la Vie, Miracles; Mort et Passion de
Nostre Sauveur Jésus Christ, le tout en cent trente
Figures des meilleurs Autheurs du siècle.

    La Bibliotèque de M. le Roy, se vend aussi
dans la Grand Sale des Augustins du Grand
Convent.

    Le public sera adverty que le sieur Colletet, seul
commis pour la direction des journaux de Paris,
et de ses dépendances ; a estably son bureau en sa
maison rue du Murier, proche St-Nicolas du Chardonnet, vis à vis la petite porte du Séminaire ; et
qu'il s'y trouvera exactement tous les lundys, mer-

credys, et vendredis depuis une heure apiès midy,
jusqu'à six heures précises du soir pendant les
grands jours, et jusqu'à 4 heures et demie en hyver;
pour recevoir tous les Avis, Mémoires, Placars,
Affiches, Monitoires, Billets de Pertes, de Maisons,
d'Offices à vendre, etc. afin qu'il en soit fait mention dans le journal de chacune semaine.

On apprendra pareillement audit bureau le jour
que sera imprimé l'avis circulaire, qui contiendra
pour la satisfaction des curieux tous les sujets que
cette histoire journalière doit traiter.

JOVRNAL

DES AVIS ET DES AFFAIRES

DE PARIS

Contenant ce qui s'y passe tous les jours
de plus considérable pour le bien public

ARMES DE LA VILLE DE PARIS

A PARIS

Du Bureau des Journaux des Avis et Affaires publiques

RUE DU MEURIER

proche S. Nicolas du Chardonnet

M. DC. LXXVI.

Avec privilege du Roy

JOVRNAL

DES AVIS ET DES AFFAIRES

DE PARIS

CONTENANT CE QUI S'Y PASSE

tous les jours de plus considérable pour le bien public

Il n'y a point d'apparence de priver plus long-
temps le public d'un bien qu'il souhaite, et qu'il
demande avec empressement. La ville de Paris sçait
le fruit qu'elle en a déjà tiré il y a quelques années;
& quoy que ce travail nécessaire ait esté interrompu
par la multitude des affaires, on n'en avoit pas
perdu toutesfois l'idée ; l'occasion de le faire re-
vivre, se représentant sous le règne florissant du
plus grand de tous les monarques, nous tascherons
de ne la pas laisser échaper, & d'apporter nos soins;
de sorte que nostre patrie & ses citoyens en profi-
tent : cet échantillon fera juger du prix de la pièce ;
& je m'asseure qu'il y aura peu de personnes qui
se dispenseront de nous donner des avis, puis qu'en

profitant à autruy, ils profiteront pareillement à eux-mesmes.

Du Dimanche 5 juillet 1676

On solemnisa, dans Saint-Estienne du Mont, la dédicace de cette belle église.

Lundy 6 juillet. Ce jour, on afficha un livre intitulé : *Traité des maladies des femmes grosses, & de celles qui sont nouvellement accouchées,* composé par le sieur François Mauriceau. Il se vend chez l'auteur, ruë des Petits-Champs, au *Bon Médecin.*

Il arriva, ce mesme jour, un accident au bout de la ruë de Saint-Germain de l'Auxerrois. Un cabaretier, sa femme, son fils & deux de ses domestiques moururent dans le mesme tems. L'on croit que cela avint pour avoir beu du vin d'un tonneau qu'une malheureuse femme avoit promis de luy faire vendre, pourveu qu'elle y mélast quelque drogue qui le rendrait meilleur : la justice, des lors, en faisoit ses perquisitions ; et l'on ne sçait pas encore qu'elle sera l'issuë de cette funeste affaire.

Mardy 7 juillet. On donna avis, ce mesme jour, par un billet affiché, que le fonds de la librairie de Thomas Joly estoit à vendre en gros & en détail.

Les messagers de Chartres, qui estoient establis à la *Croix de fer*, ruc de la Harpe, avertirent, par leurs affiches, qu'ils avoient changé d'hostellerie, & qu'ils logeoient à présent au même quartier, à l'*Image Saint-Estienne.*

Mercredi 8 juillet. Quelques huissiers et sergens ayant abusé du temps porté par les ordonnances, le Conseil rendit un arrest, portant que lesdits sergens & huissiers seroient tenus de faire controller leurs exploits dans cinq jours, à compter du jour de la signification, avec ordonnance de M. de la Reynie, lieutenant-général de la police, pour l'exécution dudit arrest.

Ce mesme jour, on restablit une Machine dans deux divers endroits de Paris, savoir devant l'hostel de Luxembourg, à Bel-Air, & à la Porte Saint-Martin, au grand Cirque royal ; là, l'on peut voir un nouveau Jeu de la Bague, par lequel chacun estant monté sur un cheval de bois, il peut aller un long espace de tems avec une vitesse plus grande que s'il estoit sur un cheval naturel.

Jeudy 9 juillet. Les vaisseaux de la Compagnie des Indes-Orientales arrivèrent à Surate ; & messieurs les directeurs devoient marquer le jour & le tems, par une liste exacte, de la vente de toutes les marchandises dont ils estoient chargez ; & cette liste se distribuoit chez Marbre-Cramoisy, dans la ruë Saint-Jacques.

Vendredy 10 juillet. On afficha, par tous les carrefours de Paris, une ordonnance de M. de

la Reynie, juge de police, contre les vagabonds
& gens sans aveu, qui s'assemblent journellement
devant les Augustins, sur le Pont-Neuf, & autres
places publiques ; & cela fort judicieusement, pour
détruire les jeux & les brelans, qui perdent les en-
fants de familles, & empescher les séditions & tu-
multes qui pourroient arriver par leurs inso-
lences.

Samedy 11 *juillet*. M. l'Evesque de Digne prescha dans l'église des Premontrez Reformez du couvent de Sainte-Anne, à cause de la feste de Saint-
Norbert, archevesque de Magdebourg, fondateur
de cet ordre célèbre.

Ce jour, les Comédiens Italiens représentèrent la
pièce des *Larrons domestiques*, & des *Médecins
ignorans*.

Par les anciennes Ordonnances, il est dit que les
Bouchers ne s'ingereront point de chercher des
bœufs au delà de vingt lieuës de Paris à la ronde.
Monsieur de la Reynie, Juge & Lieutenaut de police,
en a fait une nouvelle Ordonnance, qui fut publiée
à son de trompe, & qui porte : que lesdits Bouchers
garderont lesdites Ordonnances ; enjoint à eux de
ne point passer lesdites bornes de vingt lieuës, avec
defense mesme d'aller au devant des marchands forains, sur peine d'amende pour la première fois, &
d'autres peines, en cas de recidive.

Dimanche 12 *juillet*. Ce jour, on celebra, dans
l'Eglise Parochiale de Saint-Paul, une feste nouvelle

pour l'Adoration perpetuelle du SaintSacrement de l'Autel, à laquelle ceremonie il y eut quatre celebres Predicateurs qui prescherent. A sept heures du matin, M. Perceval, docteur en theologie; à dix heures, M. l'abbé Cordelier, docteur de Sorbonne; à deux heures, le R. P. Torrentier, prestre de l'Oratoire, & le Salut fut solemnel pour la closture de cette Feste.

On reclama dans les Chaires au Prône, une fille âgée de neuf à dix ans, perduë depuis quelques jours, habillée de toille peinte, & parée de rubans couleur de cerise. On prioit ceux qui en auraient quelque nouvelle, d'en donner avis à l'Hostel d'Angoulesme, quartier de S. Paul, d'où elle estoit, et qu'on leur donnerait une récompense honneste.

La Princesse Elide de Molière fut représentée à l'Hostel de Bourgogne, & Atys à l'Académie de la Musique du Roy, comme elle l'avoient esté toutes deux encore les autres jours de la semaine ; & la troupe du Roy de la ruë Guenegaud, joua le Dépit amoureux de Molière.

Lundy 13 *juillet.* Ce jour se passa sans nouvelles qui nous fussent propres.

Mardy 14 *juillet.* On celebra la Feste de Saint Bonaventure aux Cordeliers du Grand Convent, avec exposition du S. Sacrement de l'Autel, où il y eut grand concours de peuple.

Mercredy 15 *juillet.* On fit une Feste solemnelle

de la Division des Apostres, dans l'Église du College
de Montaigne, où il y eut la veille & le matin du
jour deux Harangues Latines en l'honneur de
Standon, l'un des Fondateurs de cette Maison, &
l'apresdinée Sermon en nostre Langue.

Ce jour deux personnes accusées de fausse monnoye, furent penduës à la Croix du Tiroër.

Du Jeudy 16 juillet. Les deux Chambres assemblées terminerent le procez de Mad. de Brinvilliers
par l'Arrest suivant contre elle rendu.

Veu par la Cour les Grand Chambre et Tournelle
assemblées, le Procez criminel commencé par le
Provost de Paris ou son Lieutenant Criminel au
Chastelet, à la requeste du substitud du Procureur
Général du Roy ; continué à la requeste de Dame
Marie Therese Mangot de Villarceau, veuve de
Messire Antoine Daubray Chevalier Comte d'Of-
femont, Seigneur de Villers & autres lieux, Con-
seiller du Roy en ses Conseillers, Maistre des
Requestes ordinaire de son hostel, & Lieutenant
Civil de la Ville, Prevosté et Vicomté de Paris,
demanderesse & complaignante, le dit substitud
joint. Contre Dame Marie Marguerite Daubray,
Espouse du sieur Marquis de Brinvilliers ; Jean
Beaupin valet de chambre & le nommé la Pierre
absents, & consors. Et encore contre Jean Amelin,
dit la Chaussée garçon baigneur, & auparavant
laquais de Messire Daubray, Conseiller en ladite
Cour, lors prisonnier ; Et dame Magdelaine Ber-
trand du Breuïl, veufve de Jean Baptiste de Godin

sieur de Sainte Croix, cy-devant capitaine de
cavalerie dans le régiment de Tracy, deffendeurs &
accusez. Ledit Procez jugé en la Chambre de la
Tournelle contre ledit la Chaussée, & par contu-
mace contre ladite Dame Daubray de Brinvilliers,
& depuis continué en ladite Chambre à la requeste
du Procureur General du Roy, & de ladite Dame
Daubray de Brinvilliers prisonniere en la Conciergerie du Palais accusée, & parachevé d'instruire en
vertu d'Arrests rendus les Grand'Chambre & Tournelle assemblées, en consequence du renvoy requis
par la dite Dame Daubray de Brinvilliers. Conclusion du Procureur General du Roy, ouye & inter-
rogée la dite Daubray sur les cas résultans du
Procez : DIT A ESTE que la Cour a declaré &
declare la dite Daubray de Brinvilliers deuëment
atteinte & convaincuë d'avoir fait empoisonner
Maistre Dreux Daubray son père ; & lesdits
Daubray Lieutenant-Civil & Conseiller en la dite
Cour ses deux freres, & attenté à la vie de deffunte
Therese Daubray sa sœur, & pour reparation a
condamné ladite Daubray de Brinvilliers faire amande honorable au devant de la principalle porte de
l'Eglise de Paris où elle sera menée dans un tombereau, nuds pieds, la corde au col, tenant en ses
mains une torche ardente du poids de deux livres,
& là estant à genoux dire & declarer que mescham
ment par vengeance, & pour avoir leur bien, elle a
fait empoisonner son père, ses deux freres, &
attenté à la vie de deffunte sa sœur, dont elle se
repent, en demande pardon à Dieu, au Roy & à

Justice ; ce fait menée & conduite dans ledit tombereau en la Place de Greve de cette Ville, pour y avoir la teste tranchée sur un eschaffaut, qui pour cet effet sera dressé en ladite Place, son corps bruslé & les cendres jettées au vent ; icelle préalablement appliquée à la question ordinaire & extraordinaire, pour avoir révélation de ses complices ; la déclare decheuë & indigne des successions de sesdits pere, freres & sœur, du jour desdits crimes par elle commis ; & tous ses biens acquis & confisquez à qui il appartiendra, sur iceux & autres non sujets à confiscation préalablement pris la somme de quatre mille livres d'amande vers le Roy, cinq cents livres pour faire prier Dieu pour le repos des ames desdits deffunts ses pere, freres & sœur en la chapelle de la Conciergerie du Palais, dix mille livres de réparation vers ladite Mangot, & tous les despens, mesme ceux faits contre ledit Amelin dit la Chaussée. FAIT en Parlement le seiziesme jour de juillet, mil six cent soixante & seize.

Un Gentilhomme atteint & convaincu de fausse monnoye eût la teste tranchée à la Croix du Titoër.

Les Pensionnaires du Collége des Grassins, pour témoigner leur zèle envers le Recteur de l'Université de Paris, du nom de Moussy, qui tait sa demeure au même Collége, firent la oépense d'un beau feu d'artifice, & de quantité de Boëtes que l'on tira le jeudy veille de S. Alexis son Patron, sur les huit heures du soir, & le vendredy à la pointe du jour, ils le réveillèrent encore par le bruit de plusieurs Boëtes, Saucissons & Fusées volantes.

Vendredy 17 *juillet.* Ce jour fut remarquable par la mort publique de Madame de Brinvilliers. Son arrest de mort luy fut prononcé, et il fut exécuté en toutes ses parties. Elle sortit de la Conciergerie sur les sept heures du soir par la rue de Sainte-Anne, traversa celle de Saint-Louys, & passa du Marché-Neuf à Nostre-Dame pour y faire amande honorable. Elle estoit coiffée de nuit en cornette blanche, & revétuë d'une chemise plissée & fermée sous la gorge & aux poignets. Son Confesseur l'accompagnoit, un Valet de l'Exécuteur estoit à costé d'elle, tenant une torche de cire jaune, & l'Exécuteur un peu plus éloigné. Jamais Paris ne vid plus de monde assemblé de tous estats, de toutes conditions et de tout sexe ; & jamais ruës, carrefours & avenuës sur la route ne furent plus peuplées. On remarqua au sortir de la court du Palais que les larmes couloient sur ses jouës, témoignage de son repentir, & mourut avec beaucoup de fermeté & de constance.

Le matin on avoit conduit au Fort-Levesque dans un carrosse bien fermé, quelques faux Monnoyeurs, escortez des Officiers & archers de la Monnoye.

Samedy 18 juillet. Ce jour on celebra la feste de Saint Clair en l'abbaye de S. Victor, où l'on vit un concours extraordinaire de monde, qui n'a point cessé durant tout l'Octave.

4

Dimanche 19 juillet . On fit l'Octave de
S. Prix, à S. Estienne des Grecs, où l'abbé Fro-
maget prescha, comme il avoit fait encore le Dimanche précédent.

On celebra pareillement la Feste de Nostre-Dame
du Mont-Carmel aux Carmes de la place Maubert,
où elle avoit esté précédée des Prières de Quarante
Heures, pour l'heureux succez des Armes de sa Majesté.

Lundy 20 juillet. La Feste de Sainte Marguerite fut solemnisée dans l'abbaye de Saint-Germain-
des-Prez; comme elle le fut pareillement à Saint-
Bon, où il y eut sermon par des prédicateurs celebres.

Mardy 21 juillet. — On celebra dans l'abbaye
de Saint Victor la Feste de son glorieux patron.
Messieurs du Chapitre de Nostre-Dame y vinrent
processionnellement celebrer la grand'Messe à
leur ordinaire, & l'après dinée le R. P. Enguerand
Recollect y prescha avec beaucoup de succez.

Mercredy 22 juillet. On solemnisa la Feste
de Sainte Magdelaine dans l'Eglise du mesme nom,
où il y eut un Sermon par un célebre Prédicateur.

La seicheresse est devenüe si grande que le canal
de la Seine est presque tary depuis le Pont-Neuf
usqu'au delà des Arcades du Pont de l'Hostel-Dieu
& les basteaux sont presque à sec sur le sable.

Samedi 25 juillet. On festa solemnellement
Saint Christophle dans l'église du mesme nom, au
Parvis Nostre-Dame, où Messieurs du chapitre of-
ficièrent selon leur coustume.

AVIS & AFFAIRES

DE LA SEMAINE

Apportez au Bureau du sieur Colletet, pour en
informer le Public.

*Un Acte de Philosophie dédié à la Famille de
Jesus-Christ, fût soutenu dimanche au Collége de
Lisieux, par Eugène Le Comte, chanoine de Clermont, sous la Présidence de Me Guillaume Melo-
rel son professeur.*

*Le Lundy on afficha un Livre intitulé, la Géo-
métrie Françoise, ou la Pratique aisée, etc. par le
sieur Beaulieu, et se vend chez Charles de Sercy,
au Palais.*

*Le mesme jour il y en eut un autre latin, dont
voicy le titre en françois : Sentence définitive en
faveur de la Piété et de la Doctrine du Bien-heu-
reux Raymond Lulle Martyr du tiers Ordre de
S. François, Docteur illuminé. Chez de Bast, ruë
St-Jacques.*

*Le Mardy, la liste des Œuvres de feu M. Bosse,
fut affichée, qui comprend dix Traitez différens
d'Architecture, Sculpture, Graveure, etc., enrichis
de plus de six cens figures en Taille-Douce ; et se
vend chez M. Deschalleaux, ruë Thibaut-aux-Dez,
sur le quay de la Megisserie.*

On donne avis qu'un honneste homme, Ingenieur

et Arpenteur du Roy, enseignera les Mathémati-
ques chez luy ou en Ville à quiconque désirera
l'employer, l'Arithmétique, la Géométrie, les Forti-
fications, les cadrans et l'arpentage d'une ma-
nière infaillible, et par lui nouvellement décou-
verte avec l'usage des Instruments qu'il faut fabri-
quer pour cet effet. On enseignera sa demeure au
Bureau.

Une personne à qui il est deub plus de vingt mille
livres pour reste de quelque place à bastir, située
dans l'un des meilleurs quartiers de Paris, et
qu'il a vendue à quelques particuliers, les con-
tracts de vente portant interest ; propose si on
veut faire échange ou pension viagère, qu'il écou-
tera et donnera les mains à la proposition.

Le Mercredy on afficha pareillement une Mé-
thode nouvelle du Globe terrestre, pour apprendre
à toutes personnes la Géométrie ; par un Auteur
Anonyme. Il se vend à Paris.

On sçait une bonne Cure de quatre cens livres
de revenu, que l'on permutera contre quelque petit
Benefice simple autour de Paris.

Le Samedy on afficha un livre intitulé, Ré-
flexions Académiques sur les Orateurs et sur les
Poëtes, par M. de Sainte-Garde, Aumosnier du
Roy. Il se vend chez Cristofle Remy, ruë Saint-Jac-
ques.

On vit aussi l'Histoire abrégée des quatre Con-
ciles generaux, qui se vend chez le Prest, rue S.
Jacques 355, en un vol. in-12.

Un autre Livre en Latin encore intitulé, Syno-

dus Bethlehemitica adversus Calvinistas hæreticos,
etc. Il se vend chez la veuve Martin, ruë S.
Jacques au Soleil d'or.

On donne avis qu'il y a une maison à vendre à
cinq ou six lieuës de Paris, consistant en une
grande court, deux sales, cuisines et écuries par
bas, trois chambres au premier étage, et grenier
au-dessus, avec deux arpens de jardin attenant
ladite maison, plantez en arbres fruitiers, enclos
de murs, et trois quartiers de terres labourables:
On en fera prix raisonnable, et avec la permission de faire le décret, toutes les assurances nécessaires.

On vend chez René Guignard ruë S.-Jacques
près S. Yves, à l'image S. Basile, l'Enfance admirable de la très-sainte Mère de Dieu, etc.,
in-12. 405. Lettre Pastorale de monseig. l'Illust.
et Révérend Evesque d'Arras aux Pasteurs, etc.,
pour l'administration du Sacrement de Pénitence.
in-8° 205. Elementum Euclidis Libri octo ad faci-
liorem captum accomodati, in-16. 205.

On vend aussi chez Antoine de Rafflé ruë du
Petit-Pont, le jeu des Eschecs in-12.

Il y a quelques jours qu'un honneste homme
perdit aux environs de l'hostel de Charost, un grand
Ruby balay, deux Emeraudes et une Aigue marine
le tout en anneau, le Ruby est bon, les autres pierres sont de composition, hors-d'œuvre, avec une
perle en poire, aussi de composition. Ces choses
estaient dans une petite bourse de cuir que l'on
tira de son bourson. Si on les peut recouvrer, von

reconnoistra honnestement ceux qui nous en don-
neront des nouvelles.

On demande ce qu'on donneroit à un bon Ecclé-
siastique âgé de plus de cinquante ans, mal sain
et incommodé, pour la somme de mille écus en
banque, et qu'elles asseurances ledit Ecclésiasti que
auroit de son paiement annuel, qui se feroit à
Paris.

AVIS IMPORTANT

M. l'abbé le Prest, homme de mérite, & amateur
des bons livres, a entre ses mains un manuscrit
très-curieux de neuf à dix mille Familles des plus
nobles du Royaume, de surnon & armes diffé-
rentes; le tout réduit en Tables Genealogiques.
Ceux qui seront en peine de leurs titres de Noblesse,
n'auront qu'à s'addresser à nostre bureau, & on
leur donnera connoissance du lieu où l'on peut
avoir de ses nouvelles.

On continuëra exactement tous les jeudis, à
donner au public tout ce qui se passera dans la
semaine. Et les cahiers se distribuëront au Bureau
des journaux des avis & affaires publiques chez le
sieur Colletet.

JOURNAL

ET SUITE DES AVIS

ET DES AFFAIRES

DE PARIS

Contenant ce qui s'y passe toute la semaine de plus considérable pour le bien Public.

L e peu de feüilles que nous avons communiquées au public, ont esté déjà si profitables à quelques personnes, que nous avons tout sujet d'esperer avec le tems que ce retablissement sera de tres-grande utilité ; C'est un commerce innocent, ou chacun recevra de la satisfaction, puisqu'il fera naître mille nouveaux moyens de vendre ou d'achepter, soit Charges, Offices, Heritages ou Maisons ; De mettre argent en rente, d'entrer dans des Emplois honorables, de permuter des Benefices, & d'entreprendre enfin diverses affaires qui se rencontrent incessamment dans la société civile. Les Ames pieuses, qui sont en plus grand nombre à Paris qu'en pas un lieu du monde, seront mesme bien aises de ce travail, puisqu'elles apprendront par son moyen, les Festes & les Indulgences, les prières publiques, & les Prédications d'importance, dont elles pourront ensuite satisfaire leur dévote curiosité ; et j'ose

dire que Dieu, qui doit estre le principe & la fin
de nos intentions, en sera beaucoup plus glorifié ;
puisque le Public ayant découvert par nos avis
quantité de Saintes Cérémonies, dont il n'avoit
point de connoissance, & qui periroient dans les
tenebres de l'oubly, sans le secours de nostre Histoire Journaliere, il aymera mieux faire de petits
voyages en ces lieux de Devotion, que de passer
les jours dans l'oisiveté, ou de les employer à des
actions profanes.

Ainsi l'on pourra sans discontinuation apporter
au bureau tous les Avis de piété, afin que le Peuple
soit informé de bonne heure des graces que Dieu
se prépare de luy communiquer dans la semaine,
par un si grand nombre d'Indulgences, qui succe-
dent les unes aux autres.

Du dimanche 26 Juillet 1676.

Ce jour on publia dans les Paroisses quelques
Monitoires d'importance : Le premier, en consequence d'une Sentence des Requestes du Palais, à la
requeste de Me Toussaint Souëf, Procureur de la
Cour, qui ayant esté chargé de grand nombre de
papiers & titres de la succession de Me Gilles
Lhoste, Advocat en la mesme Cour, lesdits titres &
papiers luy auroient esté pris & enlevez, par quelques particuliers, qui en auroient disposé, & s'en
seroient accommodez avec d'autres pour un prix
tres modique, ce qui tourne à la ruine totale dudit
Complaignant.

Le second en vertu de l'Ordonnance de Monsieur le Lieutenant Particulier du Chastelet de Paris, est à la requeste de Messire Vincent Hotman, Chevalier Seigneur de Fontenay, Conseiller du Roy en ses Conseils, & de plusieurs autres gens de la première qualité joints avecque luy, comme Creanciers & Directeurs des autres Creanciers de Messire Jean du Bouchet, marquis de Sourches, & de Defunte dame Marie Nevelet son épouse; de Messire François-Louys du Bouchet leur fils ; & Dame Marie Gene-vieve de Chambes son épouse, & autres, Complai-gnans, à l'encontre de ceux qui auraient diverty & latité quantité d'effets, billets, papiers, promes-ses, linges, tapisseries, vaisselle d'argent, meubles, tant à Paris qu'à la campagne, enlevé vitres, fenes-tres, coupé arbres, prairies, &c. & de ceux qui leur ont presté, faveur & ayde, directement ou indirec-tement.

On avertit ce mesme jour, que les Coches & car-rosses de Clermont, Rion en Auvergne, Gannat, Saint Poursaint, Moulins, Bourbon-les-Bains, & Vichy en Bourbonnois, passans par Montargis, Briard, Bony, Cosne, la Charité, Nevers, Saint-Pierre le Moustier & autres lieux, qui estoient cy devant logez au Lyon Ferré, ruë Saint-Jacques, sont à présent establis à l'entrée de la ruë Saint-Victor, proche la place Maubert, & partent regle-ment tous les mercredis & samedis de la semaine, à sept heures précises du matin.

Du Lundy 27 Juillet. On afficha dès le matin

un Décret de la Sacrée Faculté de Théologie, qui portoit injonction à Messieurs les Maistres ès Arts, Bacheliers, Clercs & nouveaux Tonsurez, de garder la décence dans leurs cheveux & dans leurs habits, pour se conformer à l'ancien usage de l'Église, & à ses Constitutions, à peine d'estre décheus de certains droits, & d'estre renvoyez lors qu'ils se présenteront ou à quelques Degrez ou à quelques Ordres.

Le R. P. Luc, ancien Chartreux de la maison de Paris, qui estoit décédé le jour précédent, âgé de près de quatre-vingts ans, fut inhumé dans le Cloistre, & soûpiré de ses Frères Religieux: il estoit Parisien, & dés qu'il eut renoncé aux vanitez du siècle, pour embrasser la Règle étroite de Saint-Bruno, il ne voulut plus voir jamais, ny Pere, ny Mere, ny Parens, disant qu'estant mort au monde, il ne connoissoit plus que Dieu pour son Pere.

Ce jour on afficha un nouveau Livre intitulé, Mémoire du sieur des Pontis, officicier (sic) des Armées du Roy, contenant diverses circonstances des guerres, & du gouvernement, sous le Regne des Roys Henry IV. Louis XIII & Louis XIV en deux volumes qui se vendent chez Desprez, au pied de la Tour de Nostre-Dame, du costé de l'Archevéché.

Mardy 28 *juillet.* La Feste de Sainte Anne fut dévotement celebrée en divers lieux de cette ville ; à Nostre-Dame de Paris, en sa Chapelle, où Messieurs du Chapitre officierent & celebrerent la Messe & les Vespres en Musique. Aux Révérens Pères & Religieux de Premonstré quatre jours dif-

férents ; Mardy Feste de ladite sainte, auquel jour il
y eut prédication après Vespres, par M. l'abbé de
Mainville. Le Lundy 27, où commencerent les
prières de Quarante-Heures pour sa Majesté, par
M. l'abbé Le Feure, le Mercredy 29, par M. l'abbé
Michard, Prédicateur du Roi ; & le Dimanche dans
l'Octave 2e d'Aoust par M. l'abbé Thomassin. La
mesme Feste se fit encore aux Carmes, aux Jacobins,
aux Théatins & dans l'Églisse Parrochialle de
St-Severin.

Ce jour une Damoiselle de condition s'estant sen-
tie indisposée, se retira dans la Sainte Chapelle
haute pour y respirer, & s'y estant trouvée plus
mal, elle fut portée dans la chambre du Concierge,
où pendant que l'on luy administroit le Sacremen
de l'Extrême-Onction, elle rendit l'esprit : le lendemain elle fut inhumée à Saint-Nicolas du Chardonnet sa paroisse. On croit que cette mort subite
arriva d'une joye qu'elle conçut du gain d'une
affaire qui lui estoit d'importance.

On afficha le mesme jour l'Histoire des Croisa-
des, pour la délivrance de la Terre Sainte, composée par le R. Pere Maimbourg, de la Compagnie
de Jésus ; & se vend en quatre petits volumes chez
Marbe-Cramoisy, imprimeur du Roy, ruë Saint-
Jacques.

Mercredy 29 juillet. — Ce jour à huit heures
du matin, on afficha pour la seconde fois un Livre
intitulé : l'Advocat des pauvres, renfermé dans un
seul volume in-douze, & composé par Jean-Bap-

tiste Thiers, curé de Champrond. Il se vend chez
la veuve Jean Dupuis, ruë Saint-Jacques.

Messieurs de Ville, pour marquer leur respect
& leur dévotion envers la Mere de Dieu, protectrice
de Paris, luy offrirent une Lampe d'argent en forme
de Navire, écussonnée aux deux extrémitez des
Armes du Roi & de la Reyne, soûtenue de chaisnes
d'argent qui servent de cordages, et qui pèse en
tout vingt-cinq ou vingt-six Marcs ; laquelle fut
appenduë devant son Autel, sur les deux heures
aprés midy, dans la nef de l'Église Cathédrale, & qui
ardera jour & nuit comme toutes les autres.

Ce mesme jour il y eut une Ordonnance renou-
vellée, & publiée à son de Trompe, de M. de la Reynie, Lieutenant de police, contre les revendeuses, qui
s'attroupent au bout du Pont-Neuf, Place Daufine,
et autres lieux publics, avec défenses à elles de s'y
assembler davantage, mais de se rendre aux Halles
aux jours de vente seulement, à peine d'amende
pour la première fois, & de punition en cas de
recidive.

Jeudy 3o *juillet.* On afficha encore un Livre
qui porte pour titre, *Explication littérale et
Françoise de la Bible, ou le vray Genie de l'Ecriture Sainte*, par le R. P. Laugeois de Paris Capucin. Il se vend chez Charles Guillery, dans la court
Neuve du Palais.

Vendredi dernier juillet. La feste de Saint-
Germain, Evesque d'Auxerre, fut solemnisée dans

l'église Parrochiale & royale qui porte son nom.
Le R. P. Dom Hierosme Feüillant y prescha
l'après-dinée, avec l'applaudissement general de
son nombreux auditoire.

Samedy premier jour d'aoust 1676. On
afficha encore un Livre intitulé, le Tailleur sincère,
avec plusieurs figures en Taille Douce. Il se vend
chez A. de Rafflé, rue du Petit-Pont, in-folio en
parchemin 40 f. et in-8, 20 f. Ce livre est nécessaire pour ceux qui veulent pratiquer l'épargne.

Dimanche 2 aoust. Deux Festes considerables
se rencontrèrent ce mesme jour; l'une de Saint
Eustache, l'autre de Nostre Dame des Anges : la
première célebrée dans la grande paroisse du mesme
nom, comme patron de ladite église; et la seconde
aux Cordeliers du grand Convent; & dans l'une &
dans l'autre, il y eut Predication par de celebres
prédicateurs.

Quelques agraves & reagraves furent publiez aux
paroisses, touchant certaines banqueroutes, & diverses autres affaires considérables, à la requeste
de plusieurs personnes de qualité.

Lundi 3 aoust. La Feste de l'Invention des
Reliques de saint Estienne fut solemnisée avec beaucoup de piété dans la paroisse du mesme nom, où
Monsieur l'abbé de Sainte Geneviève officia pon-
tificalement à la grand'Messe et à Vespres, & le
R. P. Giroux de la Compagnie de Jesus y prescha
à deux heures, avec son éloquence ordinaire. La

mesme Feste se fit dans dans l'Eglise Collégiale de St-Etienne des Grecs, proche les Jacobins.

Mardi 4 aoust. — Saint Dominique aux Jacobins du grand Convent.

On doit representer cette apresdinée à l'hostel de Bourgogne, le Triomphe des Dames de M. Corneille le jeune, qu'on avait représenté encore dimanche dernier, & les jours précédens : Et Bajazet de M. Racine, à la rue de Guenegaud.

La personne qui a perdu une bourse aux environs de l'Hostel de Charost, dont il est fait mention au précédent journal pag. 12, promet deux louys d'or à quiconque la rapportera au Bureau, avec ce qui est amplement specifié, sans s'informer en aucune maniere qui sont ceux qui l'ont trouvée, ny en faire aucune recherche.

AVIS & AFFAIRES

DE LA SEMAINE

Apportez au Bureau d'Adresse du sieur Colletet,
pour en informer le Public.

*On donne avis aux Curieux qu'il est arrivé cent
volumes à Paris des Œuvres du Docte Raymond
Lulle, qui ont esté examinez par l'Inquisition
d'Espagne, & que l'on pourra voir entre les mains
de M. l'abbé Aubry qui loge au Chasse-Midy au
Faubourg Saint-Germain.*

*Un honneste Ecclesiastique de bonnes mœurs,
âgé de cinquante ans ou environ, fort versé dans
la Theologie & dans la Philosophie, qui sçait les
Peres de l'Eglise, & l'Ecriture Sainte, & qui
mesme a presché dans les meilleures Chaires de
Paris, offre son service à quelque jeune Abbé ou à
quelque nouvel Evesque, qui souhaitera l'avoir
auprès de luy pour l'instruire dans la Prédication,
et l'ayder dans l'étude des Lettres Sacrées. Si quelqu'un en a besoin en cette qualité ou autrement,
il en sçaura des nouvelles au Bureau.*

*On avertit le public que le Magazin general du
cuir d'Hongrie, est estably dans l'un des principaux quartiers de Paris : On sçaura où, & chez
qui, au Bureau.*

Mercredy on afficha pour la seconde fois l'Ins-

*truction des prestres, tirée de l'Escriture Sainte,
et des Saints Peres de l'Eglise, traduite de l'Espagnol de Molina Chartreux, et se vend à Paris
chez Jean Baptiste Coignard.*

*Comme Dieu a partagé la connoissance des
secrets de la Nature à divers hommes, il se rencontre
un particulier qui a un remède innocent & facile;
lequel appliqué sur quelque partie du corps que
ce soit, purifie le sang & attire par les pores les
humeurs corrompues, qui sont la source de tant de
maux inconnus. Si quelque personne incommodée
a besoin de ce remède, qui a déjà réussi, elle peut
s'adresser au Bureau, & on luy enseignera.*

*Un bourgeois de Paris vend en détail d'excel-
lent vin de Reims en Champagne, & le donne à
12 s. la bouteille; il en a aussi à 10 & à 8 s. la
pinte. Ledit vin est de son propre crû, et l'on
enseignera au Bureau sa demeure.*

*Jeudy le Public vid paraistre encore un autre
Livre qui porte pour titre, Pharmacopée Royale
Gallenique & chymique, par Moyse Charas, Apo-
ticaire du Roy; Il se vend chez G. Desprez, au
pied de la tour de Nostre-Dame.*

*Autre Livre intitulé, Commentarius in Joel Pro-
phetam, dedié à Monsieur l'Evesque de Sens, par
Charles Marie de Veil, Prieur de Saint Ambroise.
Il se vend chez Laurent Boucher, rue Saint
Jacques.*

*Autre Livre, qui est une Méthode pour instruire
toute sorte de procez civils & criminels; & qui se
vend chez Estienne Loyson et N. Pepingué au*

Palais. Ce Livre est fort utile à ceux qui ont des affaires, tant pour apprendre en peu de temps les procédures, que pour sçavoir parfaitement les termes de la chicane.

AVIS

On prie ceux qui apporteront des nouvelles au Bureau, ou des Avis pour les Affaires, d'agir de bonne foy, et de ne le point surprendre. On ne prétend point choquer personne, et il n'est estably que pour y traiter des choses qui tendent au bien commun de la Patrie, et qui regardent l'avantage des Citoyens qui la composent.

Si Messieurs les Professeurs de l'Université, en Philosophie et en Humanitez, desirent faire connaistre leurs noms dans les Provinces, pour s'en attirer des Escoliers l'année prochaine, ils pourront communiquer leurs affiches de bonne heure au sieur Colletet, qui n'oubliera pas d'en faire mention dans cette histoire journalière. **Les Marchands** *pourront aussi l'avertir de l'arrivée de leurs Marchandises pour en informer le Public,* **Les Coches, Messagers, Rouliers et autres,** *leur demeure pour la commodité publique, & pour le soulagement de ceux qui doivent voyager.*

On continuëra exactement tous les Jeudis, à

5

donner au public tout ce qui se passera dans la
Semaine : Et les Cahiers se distribuëront toujours
au Bureau d'adresse des Journaux estably pour
lesdits Avis & Affaires publiques, chez le sieur Colletet, rue du Meurier, proche Saint Nicolas du
Chardonnet.

JOURNAL

ET SUITE DES AVIS

ET DES AFFAIRES

DE PARIS

Contenant ce qui s'y passe toute la semaine de plus considérable pour le bien Public.

C E n'est pas un petit travail d'écrire pour le public; autant de testes qui le composent, ce sont autant de goûts différents, l'un souhaitteroit que nos Journaux fussent seulement remplis d'Advis, l'autre de nouvelles; tel de piété, celuy-cy de galanteries. Si je n'agissois que pour une personne, il seroit facile de la contenter; mais comme il est icy question de répondre à plusieurs, il faut aussi proposer diverses choses qui les satisfassent : C'est pourquoy nostre ouvrage sera toujours un peu mélangé, afin que chacun, à l'imitation de l'abeille, s'attache à la fleur qu'il aimera d'avantage; Il ne s'agit icy du délectable que par rencontre; les Lettres burlesques sont tolérées pour cette sorte de divertissement; & si l'on veut nager dans les nouvelles, la Gazette en prose, qui ne manque jamais toutes les semaines, et qui en est si remplie, est

comme un vaste Océan, où les hommes peuvent
laisser embarquer leur noble curiosité. Cecy est
donc proprement le solide, & qui doit avec le tems
faire sentir à tous en général, & à chacun en particulier, ce que peuvent les bons avis, pour faire
succeder les grandes affaires : Combien de gens de
famille qui n'osent se déclarer, seront ravies de
trouver un honneste homme, auquel comme à leur
confesseur, ils pourront confier leurs secrets, pour
ne les relever qu'à leur profit ? Les commencemens
sont ordinairement penibles en toutes choses, mais
ces premieres difficultez estant surmontées pour
peu que nous soyons secondez du public, il joüira
bientost enfin des roses, dont nous nous réserve-
rons presque toujours les epines.

Du Mercredy cinquième jour d'Aoust 1676.

Le journal precedent finit mardy au soir 4.e Aoust.
Le lendemain Mercredy le peuple de Paris fut
réveillé par le bruit des Canons de l'Arcenal & de
la Bastille, pour la prise d'Aire, & le soir les rues
furent éclairées de feux, accompagnez de réjoüis-
sances publiques.

Ce jour on afficha nos Journaux aux principaux
endroits de la Ville, afin d'instruire le Public du
lieu où l'on les distribuë, & l'utilité qu'ils luy doivent apporter.

L'apresdinée du mesme jour on representa une

belle Tragédie aux RR. PP. de la Compagnie de
Jésus du Collége de Clermont dans la rue S.
Jacques, intitulée Abimelech, où il se trouva une
nombreuse Assemblée de toutes conditions, qui
sortit fort satisfaite de cet agréable spectacle.

Sur la remonstrance faite par Monsieur le Procu‐
reur du Roy, des abus qui se commettent dans le
debit du foin, à cause que la seicheresse n'en a pas
rendu la recolte si abondante cette année que les
precedentes; Une Ordonnance de Monsieur de la
Reynie, Lieutenant general, & Juge de Police s'est
ensuivie, publiée & affichée partout, portant que
visite sera faite par gens choisis, des prairies voi‐
sines de la rivière de Seine, & autres lieux, rapport
de la quantité de Foins qui s'y trouvera, & cepen‐
dant permis à toutes personnes de vendre dans
l'espace de cette année, la marchandise de Foin
qu'elles auront fait venir par eau ou par terre,
depuis quatorze jusqu'à quinze & seize livres le
cent, defense aux Marchands d'empescher les pre‐
miers arrivez de vendre; & mettront des banderolles
& ecriteaux des taxes du Foin à leurs batteaux, afin
que le public en soit pleinement informé.

Un gaillard qui se méloit de contrefaire des Let‐
tres, & de les porter par pacquets, dont les particu‐
liers luy payoient le port, les croyant veritables,
ayant esté surpris dans un Collége de l'Université,
chargé de ces sortes de depesches, fut arresté par le
Portier, qui déjà en avoit esté plusieurs fois trompé;
& après l'avoir interrogé sur faits & article, & con‐

vaincu de tromperie, il fut livré entre les mains de
quelques valets, qui le firent dépoüiller, & le fus-
tigerent d'importance, luy faisant perdre ainsi l'envie de continuer ce métier, aussi dangereux que
bien inventé : Et comme cette affaire touche le
Public, on a crû devoir estre obligé de luy reciter
cette histoire, afin qu'il se garde à l'avenir d'un tel
Personnage.

Jeudy 6 Aoust. Ce jour on afficha de nouveau
la Vie de Sainte Rose de Sainte Marie, Religieuse
du Tiers Ordre de Saint Dominique, originaire &
Patronne du Pérou : par le R. P. Jean-Baptiste
Feüillet, de l'Ordre des FF. Prescheurs de la Province de Saint Louis. Il se vend chez André Cramoisy, ruë de la Vieille Boucherie.

Item, un autre intitulé, les Conférences Mysti-
ques sur le recueillement de l'Ame, pour arriver à
la contemplation de Dieu, par les lumières de la
Foy, Ouvrage composé par le R. P. Epiphane
Loüis, Docteur en Théologie, Abbé d'Estival, de
l'Ordre de Premonstré. Chez Christofle Remy, rue
Saint Jacques.

Ce mesme jour, on représenta au Collége des
Grassins une piéce de Théâtre intitulée le Martyre
de Saint Paul, dont l'Assemblée, qui fut nombreuse, demera fort satisfaite.

Vendredy 7 Aoust. Le Crispin Musicien, avec

tous ses ornements, de Monsieur Hauteroche, fut représenté à l'Hostel de Bourgogne.

Les Carmes de la Place Maubert celebreront S. Albert le grand, l'un de leurs illustres Patrons; & les RR. PP. Theatins Saint Gaëtan, leur fondateur, dont Monsieur l'Abbé d'Evron fit l'Eloge.

Samedy 8 Aoust. Messieurs les Clercs de la Paroisse de Saint Cosme, pour témoigner leur respect envers Saint Justin Martyr leur Patron, préparent leur Eglise, pour estre la plus ornée & la plus magnifique qui leur est possible, afin de solemniser demain cette Feste; Monsieur Bureau, Docteur de Sorbonne, y doit prescher, & Monseigneur l'Archevesque de Paris y a accordé des Indulgences.

Les Italiens de Sa Majesté, ruë de Guénegaud, ont représenté aujourd'huy les Nopces de Scaramouche en songe.

La quantité d'affiches ont caché un Livre d'importance pour les curieux, intitulé, Abrégé de l'Ordre admirable des connoissances & des beaux secrets de Saint Raymond Lulle Martyr, ordonnées selon le Professeur Royal de l'Université des Lullistes de Majorque, & remarquées par Jean Aubry de Montpellier, Prestre Abbé de Nostre-Dame de l'Assomption, qui les vend en sa maison du Faubourg Saint-Germain, au Chasse-Midy.

Il y en a encore un autre, ensevely presque dans l'oubly, qui porte pour titre les Essays de Jurisprudence, par M. Mongin, Advocat en Parlement,

Docteur en Droit, dediez à Monseigneur le Daufin,
& se vendent chez Jean Cochard, au Palais.

L'ouverture de la foire Saint-Laurens s'est faite
le mesme jour, ensuite d'une Ordonnance publiée,
qui porte de par le Roy & Monsieur le Prevost de
Paris, ou Monsieur son Lieutenant general de Police, à ce que les Marchands Forains & autres qui
ont de coustume d'y occuper des loges, s'y rendent
incessamment dans le temps prescrit, pour y debiter leurs marchandises.

Lundy 10 Aoust. Grande ceremonie à Saint-
Laurens, pour la Feste qui attira le peuple de Paris
toute la journée.

La Troupe des Italiens de Sa Majesté représenta
le grand Berger de Lemnos, pièce qu'elle avoit
promise depuis longtemps.

Mardy 11 Aoust. L'Oedipe de M. Corneille &
les Fragments de Molière, accommodez au Theatre
par M. de Brecourt, furent representez à l'Hostel
de Bourgogne.

AVIS & AFFAIRES

DE LA SEMAINE

Apportez au Bureau d'Adresse du Sieur Colletet,
pour en informer le Public.

*Une personne veut vendre argent comptant une
bonne rente, dont le fonds est de deux milles livres, et qui luy rapporte cent francs au denier
vingt, ladite rente bien payée tous les trois mois
de l'année par un particulier très solvable ; le
contrat en bonne forme, & insinué au Chastelet
de Paris ; quiconque voudra traiter de cette affaire fort seure, n'aura qu'à s'adresser à Nostre
Bureau d'Adresse, & on luy donnera toutes les fa-
cilitez & toutes les lumières nécessaires.*

*Un homme sçavant dans la Poësie Latine, offre
sa Plume à Messieurs de Ville, sous la faveur de
quelque reconnoissance honneste, pour faire
toutes les Inscriptions des Fontaines, Arcades,
Portes & Edifices publics, presente pour essay
ces deux suivans Distiques, l'un pour la Fontaine
des Halles, l'autre pour celle qui est édifiée de
neuf à la Porte Saint Germain abbatuë. Pour la
première.*

Quis neget Ædiles Urbis verè esse parentes.
Hic præbent potum scilicet, hicque cibum.

Pour la seconde,

Currite Germani fauces lœto impete qui vos
Excitet, hic Victor Germanas terruit undas.

*On indiquera sa demeure & son nom au Bureau
d'Adresse, si on désire l'honorer de cet Employ,
dont il est capable.*

*On est sur le point d'adjuger définitivement
trois belles maisons attenant l'une de l'autre sur
le Quay de la Tournelle, de la succession de feu
Monsieur Duduit, Procureur General de la Cour
des Monnoyes, sur l'enchère de trente-sept-mil-
deux-cens livres sauf quinzaine; ceux qui voudront
encherir s'adresseront, s'il leur plaist chez Monsieur Pourfour, près l'Arcade de Bretonvilliers
Isle Nostre Dame, ou chez Monsieur Aumont Notaire, demeurant vis-à-vis les Carmes de la Place
Maubert.*

*Il y a des immeubles à vendre de la succession
de M. de Lyonne, Ministre & secretaire d'Estat;
sçavoir le Marquisat de Berny, & la Seigneurie
de Fresne, une maison à S. Germain en Laye,
& plusieurs terres dépendantes de l'Hostel de
Lyonne. On pourra s'addresser à M. Picard,
vis-à-vis l'Hostel de Condé.*

*On sçait une fort jolie maison à vendre à deux
lieues de Paris, consistant en porte cochère, corps
de logis contenant sale carlée d'un costé, et cuisine de l'autre, quatre chambres de plain pied,*

avec ses greniers au-dessus, et une Chambre à veuë ouverte de tous costez, le tout honnestement meublé, un grand jardin planté de bons arbres fruitiers à porte treillissée de fer, & une issuë dans la prairie. Item un autre petit corps de logis pour le Vigneron, composé d'une sale et d'une chambre, grenier, poullaillier, étable à huit chevaux, et une autre à vache, et deux arpens et deux perches de vignes situées au meilleur endroit du pays.

Une personne a perdu un pacquet de papiers qui luy sont de très grande importance, où se rencontrent plusieurs recepiscez. Si quelqu'un en a le vent, on nous en donnera advis, & il aura une recompense honneste.

Nous avons avis d'une grande maison à vendre, qui a porte cochère sur le devant & une issuë par derrière, elle consiste en trois corps de logis, un sur la ruë, un sur le milieu, l'autre sur le derrière; Deux grandes courts entre deux, remise de carrosses, trois beaux escaliers, trois fosses, deux puits, onze pièces de plain-pied, le tout basty de neuf, garny de tuyaux de plomb, pour la jettée des eaux. On en tire, bien payé deux-mil-deux-cens livres de loyer : Le prix dudit héritage est de cinquante mil livres, dont il en faut déduire seize pour huit cens livres de rente, à prendre sur ladite maison, que l'acquereur rachetera à sa commodité; ainsi il suffira d'avoir comptant trente-quatre-mil livres, ou d'autres maisons ou

*rentes dans Paris, que l'on prendra en échange,
ou pour parfaire au défaut des deniers comptans. On indiquera toutes choses sur cette matière
au Bureau.*

*L'honneste homme qui proposa son remede dans
le Journal de la Semaine passée, page 19, donne
avis au Public que ce mesme remede, a depuis
quelque tems opéré de bons effets envers plusieurs personnes de condition qui en ont esté fort
soulagées, et mesme gueries.*

AVIS PARTICULIER

*Si Messieurs les Libraires desirent faire con-
naître leurs Livres, non-seulement à Paris, mais
dans les Provinces, ils sont invitez de nous en communiquer les titres, & de nous en declarer leur
prix, & leur grandeur, pour leur propre utilité,
& pour la commodité publique.*

*Si quelqu'un a des Meubles precieux, Montres,
Bijoux, Cabinets, Lustres, Tapisseries, Cristaux,
Tableaux, Estampes, Sculptures, Graveures, ou
autres choses curieuses, dont il veule se défaire,
il peut nous en donner pareillement avis.*

*Les beaux Chiens perdus, Levrettes, Chevaux,
Papiers, Sacs, Cedules, Promesses, ou autres
pertes, de quelques nature qu'elles puissent estre.*

*Item, les Rentes & Maisons à vendre, afin que
tout soit profitable au Public.*

Si les honnestes gens qui tiennent des Confé-
rences & de petites academies, pour cultiver les
belles Lettres, nous donnent quelque part aux belles
choses dont ils s'entretiennent nous en entretien-
drons quelques fois aussi le public.

En parlant du chartreux mort dans le dernier
Journal pag. 15, on s'est oublié de mettre le R. P.
Dom Luc, & l'on repare icy cette faute innocente.

Pag. 19, l'Evesques de Sens, lisez Sées.

Si quelqu'un sçait une maison de quatorze,
quinze ou seize mille livres à vendre, & qui soit
de rapport, à deux lieuës de Paris ou environ, du
costé de Saint-Denis, & que l'on y puisse aller
par la Porte Saint Martin ou du Temple, qu'il
prenne la peine de nous le faire sçavoir, & l'on
sçait une personne qui pourra s'en accommoder.

On continuera tous les jeudis, à donner au Public
tout ce qui se passera dans la Semaine : Et les
Cahiers, tant les premiers que les derniers, qui tous
ensemble composeront une suite curieuse et necessaire, se distribuëront tous les jours au Bureau
d'Adresse des Journaux establi pour lesdits Avis et
Affaires publiques, chez le Sieur Colletest, ruë du
Meurier, proche Saint Nicolas du Chardonnet, en
attendant qu'il establisse ledit Bureau proche du
Palais, pour le soulagement de tant d'honnestes
gens, qui l'honorent de leurs visites.

QUATRIÈME

JOURNAL

ET SUITE DES AVIS

ET DES AFFAIRES

DE PARIS

*Contenant ce qui s'y passe toute la Semaine de plus
considérable pour le bien Public.*

Cette semaine a esté si sterile en nouvelles; &
ce qui nous en est venu mesme au Bureau d'Adresse
nous a paru de si peu de conséquence, qu'on n'a
pas jugé à propos d'en charger ce papier ; Jusqu'à
ce que l'on nous en communique donc de meilleures & de plus dignes de la lecture de tant d'honnestes gens, qui daignent jetter la veuë sur nos
Journaux ; Nous nous contenterons d'informer le
public des Avis que nous avons receus, & des
affaires, dont on nous a laissé les Memoires.

Du Mercredy, 12 Aoust 1676.

*Si quelqu'un desire s'accommoder d'une Office
de sergent à Verge au Chastelet de Paris : On en
sçait une franche et quitte de toutes choses, dont*

on fera une très-honneste composition, et l'on pourra s'adresser à nous pour cette affaire.

Le mesme particulier vendra pareillement trois quartiers de vignes en valeur, scizes dans l'étenduë de Montlhery, qui sont loüées sur le pied de vingt livres l'arpent. Quelqu'un sera peut estre bien aise d'ajouter ce bon morceau à quelqu'autre qu'il pourroit avoir déjà dans le mesme Territoire.

Du Jeudi, 13 Aoust. *Un honneste homme se veut pareillement défaire et traiter d'un Office de Bestail à Pied fourché dans la Ville & Fauxbourg de Paris; & il en fera composition honneste. Si quelqu'un desire s'en accommoder, nous luy donnerons avis du nom de la personne & de son adresse.*

Un memoire nous vient d'estre communiqué par lequel on fait assavoir que l'Hostel de Vendosme, scis ruë St-Honoré, consistant en divers bastimens, trois courts et jardins, est à vendre presentement, du consentement de Messeigneurs les Duc & Chevallier de Vendosme, & de Messieurs les Directeurs de leurs creanciers, en conséquence, d'un Arrest du Conseil d'Estat du Roy; Ses encheres seront receuës tous les Lundis, chez Maistre François Secousse, Procureur en Parlement, dans la ruë de S. Christophle, près Nostre-Dame.

On a apporté au Bureau d'Adresse cet avis, que Michel le Petit, ruë S. Jacques, à la Toison d'or; vend deux Livres curieux, l'un intitulé Histoire du Droit Canonique, avec l'explication des lieux

qui ont donné le nom aux Conciles, où le surnom
aux Auteurs Ecclesiastiques, etc., par M. Doujat,
Professeur en Droit-Canon, & Historiographe du
Roy.

L'autre est un Traité du Ban & Arriere-Ban
par M. de la Roque, qui se vend chez le mesme,
Michel le Petit.

Du Vendredy, 14 Aoust. On donne avis à ceux
qui auront des vendanges à faire, qu'un Maistre
Tonnelier de Paris, expert dans son Métier, donnera des Futailles de toutes grandeurs, bien faites,
de bon bois, bien reliées & bien conditionnées à
fort bon prix, & à cinq sols moins que les autres
ne les vendent. On apprendra sa demeure dans
nostre Bureau d'Adresse.

Le Benefice dont il est parlé dans le second
Journal pag. 11, & dont quelques personnes sont
en peine, est à quinze ou seize lieuës de cette Ville,
proche de Laon. On indiquera le nom du lieu à
ceux qui voudront permuter contre quelque petite
Chapelle autour de Paris.

Si l'on est en peine aussi du Prix d'une maison
fort jolie, située à deux lieues de Paris, dont
nous avons fait mention dans nos Cahiers précédens, p. 26, on sçaura qu'elle est de huit mil
livres.

Du Dimanche, 16 Aoust. Un honneste homme de
bonne famille, & d'esprit inventif, a découvert un

*secret, par lequel sur la plus haute montagne
qui soit autour de Paris, pourvu qu'il s'y trouve
du sable, il peut faire naistre une fontaine inta-
rissable, de telle grosseur & de telle quantité
d'eau que l'on voudra, & qui sera mesme tres-
excellente à boire ; d'où ensuite par receptacles &
tuyaux on la conduira partout où l'on le jugera
necessaire. Si l'on desire écouter les propositions
de cette personne, qui en fera l'espreuve, & qui
ne se découvrira qu'aux Puissances superieures,
ou qu'à ceux que le Roy voudra commettre pour
cet effet. On enseignera sa demeure & son nom
dans nostre Bureau d'Adresse, & tout d'un tems,
elle declarera d'autres secrets encore, pour con-
duire un bras de la Seine dans Versaille pour son
embellissement.*

*Ce mesme jour M. l'Abbé Soning soûtint publi-
quement un Acte dans la sale des Cordeliers, ma-
gnifiquement parée ; Auquel presida Monsieur
l'Abbé Colbert ; l'Assemblée nombreuse en sa con-
sideration, fut composée de beaucoup de Prelats,
de Ducs & Pairs de France, & de quantité de
personnes qualifiées de la Robe : Le Soûtenant y
fit paroistre la solidité de son jugement, par la force
de ses raisonnemens, & la vivacité de sa mémoire,
par les autoritez dont il sceut les appuyer ; Ensuite
de cette Action celebre, quelques Dames de merite
qui s'y trouvèrent pareillement, furent regalées
d'une magnifique Collation.*

6

Du Lundy, 17 Aoust. *Si les Dames sont curieuses d'avoir une Pommade souveraine, naturelle & sans fard pour les dehaller du grand air de la campagne, elles pourront envoyer s'il leur plaist en nostre Bureau d'Adresse, & on leur indiquera celle qui en a trouvé le secret, & qui en distribuë ou les pots ou les boëtes.*

Du Mercredy, 18 Aoust. *On donne avis que pendant l'Octave de l'Assomption de la Vierge, qui commença Samedy dernier, & finira Samedy prochain 22 du présent mois d'Aoust, il y aura Prédication à dix heures du matin dans l'Eglise Parochialle de S. Paul, par un Reverend Pere Augustin du Fauxbourg Saint-Germain. On exhorte les curieux de l'entendre, & l'on espere qu'ils y auront de la satisfaction.*

On termine aujourd'hui les Prières de Quarante-Heures dans l'Eglise & Prieuré du Temple, qui estoient establies afin de prier Dieu pour la conservation de Messieurs de l'Ordre de Hierusalem, & Habitans de l'Isle de Malthe, qui présentement sont affligez de la contagion.

On celebrera jeudy prochain la feste de S. Bernard aux RR. P. P. Feüillans de la ruë Saint Honoré, où M. l'Abbé d'Evron doit prescher; comme doit faire aussi M. l'Abbé Fardy aux RR. PP. Bernardins, proche S. Nicolas du Chardonnet.

On continuera tous les Jeudis, à donner au Public les journaux des Avis & Affaires publiques, dans le Bureau d'Adresse, estably chez le sieur Colletet, ruë du Meurier, proche Saint Nicolas du Chardonnet; Et l'on distribuëra tous les jours dans ledit bureau tout ce qu'il y a de Cahiers depuis son Establissement, qui tous ensemble contiennent une suite curieuse & necessaire. Les jours pour recevoir les Avis & Memoires sont les Lundy, Mercredy & Vendredy l'apresdinée, depuis une jusqu'à six heures du soir; & l'on taschera de satisfaire ceux qui nous honnoreront de leurs visites.

CINQUIÈME

JOURNAL

ET SUITE DES AVIS

ET DES AFFAIRES

DE PARIS

*Contenant ce qui s'y passe toute la semaine de plus
considérable pour le bien Public.*

I L paroist par la pluralité d'Avis et d'Affaires que
l'on vient de communiquer de jour en jour dans
nostre Bureau d'Adresse; que Paris commence à connoistre quelle est l'utilité de son Restablissement :
et quoyqu'il y ait des gens mal intentionnez, qui
taschent d'en blasmer l'usage, marque qu'ils ne
sont pas fort affectionnez au bien public; si est-ce
que les personnes raisonnables qui prennent toûjours les choses du bon biais, et qui ne regardent
pas simplement le tems present; mais sa suite, et
les succez avantageux que les bons desseins peuvent produire; Louent nos soins laborieux, et
contribuent elles-mesmes tout ce qu'elles peuvent
pour les faire réussir, et pour en apprendre le
succés à ceux qui l'ignorent; Aussi est-ce ce qui
nous encourage de continuer, et si; Quoy que cette

saison où tout le monde presque est à la campagne,
pour faire la récolte de sa moisson, ou à l'Armée,
soit une saison morte ; nous avons toûjours eu de
quoy fournir la carriere, et contenter la curiosité
de ceux qui ont pris goût à nostre Ouvrage ; Que
sera-ce cet hyver, quand chacun estant de retour,
sçaura par nos premiers Journaux tant d'affaires qui
se seront déjà passées ?

Certes il ne faut point douter que nos petits com-
mencements n'ayent alors de grandes suites ; et
qu'ils ne soient un favorable secours à tant de Particuliers de tous estats et de toutes conditions, ou
qui n'ont personne à qui ils puissent communiquer leurs pensées, ou qui n'ont ny assez de har-
diesse ny assez d'intrigue et quelquefois même
assez d'usage de l'expression pour en debiter l'importance ou pour en faire connaître la nature et
son utilité.

Merveille de la Nature.

On fait voir aux curieux à Paris un certain fruit
d'une grosseur extraordinaire, cueilly sur un Rocher
dans les Isles de l'Amerique ; Il est à peu pres de
la forme du Melon divisé en vingt costes ; et quoy
qu'il y ait six mois entiers qu'il soit séparé de sa
tige ; Si est-ce qu'il est aussi vermeil que s'il venait
d'estre cueilly : On l'appelle dans le pays Echi-
nomé Locatas, et selon nos termes Latins, *Melo-
cardus Echinatus.*

Action Publique

Le R. P. Menestrier de la Compagnie de Jesus, doit prescher vendredy prochain 28 aoust aux RR. PP. Prémontrez ruë Hautefeüille, à cause de la Feste de S. Augustin qu'ils doivent celebrer.

Merveille de l'Art

On montre à Paris un Cercle, qu'on appelle la Maison Royale, qui contient diverses figures, representant au naturel quantité de Cavalerie montée à l'avantage, et d'Infanterie dans l'ordre, et dans les rangs de bataille ; Sa Majesté y paroist dans un éclat magnifique, Monseigneur le Daufin, Monsieur Frere unique du Roy, Monseigneur le Prince, et quantité d'autres Princes et Seigneurs de la Cour, qui ravissent les spectateurs par la richesse de leurs habillements, et par la naïfve representation, où il semble ne manquer que la parole.

AVIS & AFFAIRES

DE LA SEMAINE

Apportez au Bureau du sieur Colletet, pour en
informer le Public.

Du Mercredy 19 Aoust 1676. *Une personne est
dans la volonté de se défaire de deux grands Tableaux de prix, de l'Ouvrage de M. le Brun ; l'un
représente la Sainte Famille, et l'autre Saint
Leonard, qui délivre quelques Captifs. Si quelque
curieux desire les achepter, on luy en fera une
honneste composition, et on luy enseignera le lieu
dans le Bureau d'Adresse.*

*On demande une Ferme qui soit à quatre, cinq,
six, sept ou huit lieuës de Paris, et qui soit un peu
détachée des villages circonvoisins, du prix de
deux cens cinquante ou trois cens livres, ou que
l'on veüille donner à rente, on trouvera personnes
qui s'accommoderont de l'une ou de l'autre maniere.*

*Une personne demande la somme de cinq cens
livres à emprunter, en faisant contract, et neantmoins pour seureté et nantissement de cette somme,
Ladite personne mettra ès mains de celle qui
prestera l'argent de la vaisselle d'argent pour
l'équivalence de ladite somme : L'affaire est bonne
de cette manière, et l'on ne peut rien risquer.*

Du Jeudy 20 Aoust. *Quelqu'un demande à achep-*
ter présentement une Charge de Receveur ou Con-
troolleur des Decimes; il n'importe dans quelle
Province ou Diocese elle soit establie, pourvu
qu'elle soit franche et quitte de toutes charges et
hypotheques, et l'on ne se soucie pas du prix haut
ou modique mesme, puisque l'accommodement sera
facile, et que la somme que l'on y veut employer
est toute preste. On n'aura qu'à s'adresser à nous
pour cette affaire.

Du Vendredy 21 Aoust. *On donne avis qu'une*
personne qui est en cette Ville, a une belle Terre
à cinquante lieuës de Paris en Normandie, dont
elle veut se défaire, affermée presentement huit
cens écus, dont on traitera fort seurement avec
qui voudra l'achepter : elle ne passera pas le de-
nier dix, quoy qu'il y ait toutes les asseurances
pour l'acquereur; il faut seulement ne point perdre
de temps, parce que la chose en vaut la peine.

Il y a une maison fort propre et fort agreable
à vendre à une petite lieuë de Paris, qui consiste
en un corps de logis bien basty, divisé en sale et
cuisine, chambres hautes et greniers au dessus,
court et beau jardin d'un quartier d'étenduë ou
environ, planté de bons arbres fruitiers, et d'une
longue treille bien garnie, du rapport tous les ans
de près d'un muid de verjus, et l'allée principale,
qui est un jeu de boule de longueur, est accompa-
gnée d'un pavillon couvert d'ardoise, qui sert de

*sale pour boire et pour manger. On donnera
toutes les seuretez pour l'achapt de ladite maison,
dont le prix est de deux-mil livres, et l'on s'accommodera de la moitié de la somme en deniers
comptans, puis l'on traitera du reste sous bonnes
asseurances.*

Du Dimanche 22 Aoust. *On donne avis qu'il
y a une maison située dans l'un des meilleurs
quartiers de la Ville de Paris, loüée presentement
sept cens livres, consistant en treize feux, court,
puits et caves à mettre plus de trois cens pièces de
vin, et qui vaut vingt-mil livres, dont un quart a
esté vendu à un prix fort modique; et comme sous
le nom d'un parent de la lignée on peut entrer
dans ledit bien par retrait, et gagner plus d'un
tiers, en s'accommodant avec ledit parent, et ren-
dant à celuy qui l'a achepté deux-mil-cinq-cens
livres. Si quelqu'un désire s'en accommoder, ledit
parent, sous le nom duquel se fera le rachapt,
donnera son consentement afin que l'acquereur demeure en pleine possession, et puisse par ce moyen
acquerir la maison entiere, les autres parts ayant
esté acheptées de mesme; et ce sera un bon et solide heritage. On saura le lieu et les noms au Bureau d'Adresse.*

*On a pris il y a deux ou trois jours à une pauvre
Blanchisseuse dans un Batteau à lescive, proche
la Porte S. Bernard, pour six à sept cens livres de
beau linge, consistant en cinq chemises de Hol-*

lande fines de vingt-une livres pièce, et trente-
deux pacquets de mesme, qui sont tabliers à dan-
telle, mouchoirs, rabats fins et dantelles séparées,
ce qui met cette pauvre créature dans le dernier
désespoir, veu que tout appartient à une seule
personne : Si quelqu'un en peut donner quelques
nouvelles, découvrir et ouïr parler de ceux qui
ont fait le vol, il n'aura qu'a s'adresser au bureau
d'Adresse, et l'on promet de le récompenser hon-
nestement de ses peines.

Une personne se veut défaire d'un beau Cabinet
d'orgues bien conditionné, et qui sort de la main
d'un excellent ouvrier. Si quelqu'un s'en veut ac-
commoder, il sera satisfait et du prix raisonna-
ble, et de la bonté de la marchandise.

Du Lundy 24 Aoust. Nous sçavons au Bureau
d'adresse quelques Commissions vacantes dans
quelques provinces, ou les gages sont fort hon-
nestes. Quiconque en souhaitera quelqu'une, n'aura
qu'à s'adresser à nous, nous luy donnerons toutes
les lumières nécessaires pour les remplir.

On donne aussi avis qu'il y a quelques Offices
d'Archers, Huissiers dans les Villes, Bourgs, Vil
lages, Paroisses et autres lieux de l'étenduë du
Gouvernement de la Generalité de Paris, et Isle
de France, pour l'utilité publique, qui sont à
vendre à prix raisonnable; Lesdits Officiers créez
en vertu d'un Edit de Sa Majesté, et verifié où
besoin a esté, avec beaucoup d'exemptions et pri-

vileges, mesme de porter les livrées de Sad.
Majesté et d'exploiter et mettre à exécution
tous Arrests, Sentences, Jugements, Contrats,
Obligations et autres actes de Justice, on les fera
recevoir; et on leur donnera, si l'on s'adresse au
Bureau, toutes les asseurances nécessaires.

Un honneste homme qui s'est acquis par une
longue expérience la connoissance de quelques
secrets, offre aux Dames particulièrement une
Eau belle et claire, qui a la vertu de tenir le teint
frais, de le nourrir, et de dissiper les rides du
visage, en sorte qu'elle embellit, et semble rajeunir
agreablement la personne. Plusieurs qui sont de
la première qualité qui l'ont éprouvée depuis long-
temps, rendront témoignage de cette verité, et
mesme qu'on la peut boire comme de l'eau ordi-
naire, tant il est vray qu'elle est sans mélange et
sans fard. On indiquera au Bureau d'Adresse
celuy qui la fait et qui la distribuë.

Si quelqu'un se veut défaire de quelque Charge
ou Office dans la Maison du Roy, il n'importe de
quelle nature; qui soit du prix de quatorze, quinze
ou seize mil livres, nous sçavons personnes qui
pourront s'en accommoder.

Un Menuisier en Ebene, intelligent dans son
Métier, donne avis au Public, qu'il a trouvé le se-
cret de mettre les carrosses en couleur d'Ebene;
en sorte qu'ils paroissent veritablement estre de ce
bois si precieux et si poly. Si quelqu'un dans les
Provinces ou dans les Villes circonvoisines de

*Paris, a dessein de luy en faire faire, il pourra
s'adresser dans notre Bureau d'Adresse, et nous
lui indiquerons sa demeure.*

Du Mardy 25 Aoust. *Si quelqu'un sçait, ou s'il
a quelque Charge de Judicature à vendre, comme
d'Advocat ou de Procureur du Roy dans quelque
Province, on a une personne qui pourra mettre
dix huit ou vingt mil livres, et plus, s'il en est besoin; mesme s'il y a quelque Greffe considérable,
à Paris, dont on veuille s'accommoder, on poussera
jusqu'à dix mil écus, pour une affaire de cette
nature.*

LIVRES NOUVEAUX

dont on a apporté les titres au Bureau d'Adresse.

La Jurisprudence du Palais reduite en Maximes, tirées et compilées du Droit, des Arrests, des Ordonnances, et de la Coustume de Paris; Il se vend au Palais chez Charles de Sercy, et Jean Guignard dans la grand'sale. Ce livre est nécessaire aux Advocats et nouveaux Juristes.

Histoire du Schisme d'Angleterre de Senderus, mise en françois par M. de Maucroix, Chanoine de Reims. Elle se vend chez Praslart, ruë S-Jacques, à l'Occasion.

Usage du Pantomettre, instrument Geométrique nouvellement inventé par M. Bullet, et enrichy de quantité de figures curieuses, ibidem.

Les chroniques des Urselines, recüeillies pour leur propre usage par un Auteur Anonyme. Chez Eloy Elie, ruë des Sept Voyes, proche S. Hilaire.

Relation des Negociations qui se sont faites à la Cour de Rome, pour la Promotion au Cardinalat des Sujets proposez par la France. Cet ouvrage qui doit estre Curieux se vend chez Guillaume de Luynes au Palais.

Le mesme de Luynes vend aussi le Livre de la Prison du sieur Dassoucy, en Vers et en Prose.

On a mis depuis quelques jours un Livre en lu-

miere, composé par Maistre Gerard Rousseau,
Advocat en Parlement, qui contient les termes de
la Pratique sous les Lettres de l'Alphabet, les
procedures Civiles et Criminelles, suivant la nou-
velle Ordonnance; et l'on peut dire à la gloire de
l'Auteur que depuis que la Pratique est en usage,
personne que luy ne la traitée d'une manière si
facile ny si instructive, puisqu'elle est dans un
bel ordre, et que ses regles sont infaillibles.

Autre Livre intitulé les Coustumes de Châlons,
avec les Commentaires de Maistre Louis Billecart,
Advocat en Parlement, et Ancien au Presidial de
Châlons, où sont traitées les plus belles et les plus
importantes questions de droit Coûtumier. Il se
vend à Paris chez Charles de Sercy dans la
grand'Sale du Palais.

On donne avis que le Journal précédent est
encore remply de très bonnes affaires.

On continuëra tous les Jeudis, à donner au Public les Journaux des Avis et Affaires publiques,
dans le Bureau d'Adresse, estably chez le sieur
Colletet, ruë du Meurier, proche Saint Nicolas du
Chardonnet; Et l'on distribuëra tous les jours dans
ledit Bureau tout ce qu'il y a de Cahiers depuis
son Establissement, qui tous ensemble contiennent une suite curieuse et necessaire. Les jours
pour recevoir les Avis et Mémoires, Affiches, Bil-

lets, Ventes, Achapts, Pertes, Secrets, etc., sont les Lundy, Mercredy et Vendredy l'apresdinée, depuis une jusqu'à six heures du soir ; et l'on taschera de satisfaire ceux qui nous honoreront de leurs visites.

JOURNAL

ET SUITE DES AVIS

ET DES AFFAIRES

DE PARIS

CONTENANT CE QUI S'Y PASSE

tous les jours de plus considérable pour le bien public

Nous avons fait voir si clairement dans nos Journaux précédens l'utilité de nostre Bureau d'Adresse, et la necessité mesme de son Establissement, qu'il semble que nous n'ayons plus rien à dire, puisque tous les Esprits bien sensez en demeurent d'accord, et benissent le Ciel de ce commerce, qui facilite les affaires; et qui applanit toutes les difficultez, que mille et mille particuliers rencontroient, pour faire réüssir leurs desseins, et pour les donner à connaitre.

Neanmoins j'ajoûteray, qu'il ne sera pas seulement favorable aux gens qui veulent vendre ou achepter, faire profiter leur argent, ou mettre en valeur leurs heritages; mais qu'il sera fort avantageux aux Avocats, Procureurs, Notaires, Commissaires, Huissiers, et autres personnes publiques,

puisque les uns et les autres verront croistre leurs
affaires, le nombre de leurs contracts dans leurs
Estudes, et leurs droits en mesme temps.

Il ne faut pas de grandes preuves pour persuader
cette verité; combien de personnes songeront à
vendre, qui n'en avoient pas la pensée? Combien
d'affaires à démeler, dont il faudra que les Intelligens du Palais dans la pratique prennent connoissance? Combien de Provinciaux, qui n'ayant aucune habitude à Paris, s'addresseront à nous pour
leur donner des lumieres? et à qui les envoyer,
selon la diversité et la nature de leurs propositions,
sinon à nos Magistrats, et à ceux qui apres ces
nobles chefs de la Justice, prennent en main la
défense de l'oppressé, de la veuve, de l'étranger,
de l'orphelin et du pupile? Ce trait de plume en
passant n'est que pour confondre l'opinion mali-
cieuse de ceux qui sement de faux bruits contre un
Etablissement que Sa Majesté, aprés Louys XIII
d'heureuse memoire, a trouvé aussi juste que
necessaire. Ce grand Roy, qui veut tout établir
pour le bien de ses Sujets, et qui connoist le bon
et les conséquences de toutes choses, a preveu de
quelle utilité seroit nostre Bureau d'Adresse, puisqu'il en a voulu confirmer les Lettres Patentes.

Et cela doit suffire, ce me semble, pour répondre
une bonne fois à toutes les objections que l'on fait,
et à celles que d'oresnavant l'on pourroit faire encore.

7

Secret utile au public.

La plus grande partie de Paris a déjà fait épreuve de l'Encre luisante portative en masse, qui plus on la garde, plus elle durcit, et devient excellente ; On la renouvelle autant de fois que l'on le souhaite, et en quelque lieu que l'on puisse estre, en si grande et en si petite quantité que l'on le désire. Et afin que chacun la puisse dissoudre et liquefier, il ne faut que la faire boüillir un boüillon dans de la bierre, du vin, ou de l'eau, ou en quelqu'autre liqueur suivant les lieux ; sçavoir une once pour demy-septier, mesure de Paris ; et ainsi à proportion, selon le plus ou le moins que l'on en peut avoir affaire : Ceux qui ne se soucieront pas qu'elle soit si luisante, pourront d'une once en faire une chopine : Et si l'on veut apprendre le lieu où l'on la vend en gros ou en détail, on le sçaura exactement dans nostre Bureau d'Adresse.

Lettres humaines.

Deux sçavans professeurs en Rethorique de l'Université de Paris, ont fait afficher, et donnent avis à la Jeunesse qui desire entrer au mois d'Octobre prochain, dans cette lice d'Eloquence, qu'ils recommenceront avec plus d'assiduité que jamais leurs Exercices, l'un college de la Marche, où il

s'est acquis beaucoup de réputation depuis plusieurs
années; l'autre à celuy du Cardinal le Moyne, où
son nom s'est fait connoître depuis long-tems. Le
premier s'appelle Bernard Colon, le second Pierre
Marcel.

Exercices du Droict.

Un sçavant Docteur en Droit exhorte les jeunes
gens qui se veulent pousser au Barreau, de le voir
pendant les vacances, il les rendra capables de
parler en public, de haranguer sur toutes sortes de
matières, de joindre la Theorie du Droit à la Pratique, et de se fortifier mesme dans la Langue
Latine, afin de ne point perdre ce temps de sus-
pension des Études, et d'affaires publiques inuti-
lement: On apprendra sa demeure et son nom au
Bureau d'Adresse.

Piété fructueuse.

Le R. P. Courtaut, Docteur en Theologie, et
Religieux Cordelier du grand couvent, preschera
le douzième de ce mois au couvent des grands
Augustins, à cause de S. Nicolas de Tollentin, dont
ils doivent celebrer la Feste. Le public est exhorté
d'entendre cet excellent homme.

Ordonnance de police.

Samedy 28 aoust, il y eût une nouvelle Ordonnance de Monsieur de la Reynie, Juge et Lieutenant de police, à la requette de Monsieur le Procureur du Roy au Chastelet, portant iteratives defences à tous Laquais de s'attrouper à peine de la vie ; mesme de porter cannes et bastons, à peine de punition corporelle, et de trois cens livres d'amende contre les maistres, qui demeureront en outre responsables des desordres arrivez par les Lacquais, etc. ce qui fut publié à son de Trompe, et affiché par tous les carrefours de la Ville.

Action publique.

Monsieur de Brosse, Docteur de Sorbonne, qui s'est acquis beaucoup d'estime par son merite et par la prédication, doit prescher, Mardy prochain huitième septembre, à Saint Nicolas du Chardonnet, pour la Feste solennelle de la Naissance de la Vierge.

Du Mercredy 26 Aoust 1676. *On sçait une fort jolie Maison à louer, que l'on peut appeler un petit bijou, du prix de quatre cens livres, fort commode pour deux ménages : Elle est située dans la Ville, proche le Fauxbourg Saint Victor :*

Elle consiste en sale, cuisine, court, cave, et deux beaux estages à plat fonds, carrelez, cabinets, cheminées enjolivées, lieu pour alcoves, et autres commoditez nécessaires. Quiconque la voudra louer, n'aura qu'à s'adresser à nous, et on l'indiquera.

Du Jeudy 27 Aoust. *Une personne a deux Tentures dé Tapisserie à vendre, l'une du prix de quatre cens cinquante livres, l'autre de trois cens trente; la premiere n'est point garnie, l'autre l'est entièrement et à profit. Si quelqu'un en a besoin, il pourra s'en accommoder promptement, et y trouvera son compte, puisque c'est une veuve qui veut quitter, et qui consequemment perdra plus d'un tiers sur cette belle et bonne marchandise : Celle de quatre cens cinquante livres, qui est de Flandres, a dix-huit ou dix-neuf aulnes, et deux et demie de hauteur; Celle de trois cens trente livres est environ de mesme grandeur, et de hauteur pareille.*

Si quelqu'un a la curiosité de se faire tirer en cire au naturel, et en petit portrait; Nous indiquerons des gens fort intelligens dans cet Art, et qui ont payé de leurs personnes en diverses occasions, des Peintres pour les portraits, des Sculpteurs pour les Ouvrages de Sculpture et des Graveurs pour des desseins enjouez, ou autres serieux. On sçait aussi des Ecrivains pour la belle écriture, et pour la verification.

Du Vendredy 28 Aoust. On donne avis d'une maison ou *Ferme à six lieues de Paris*, qui consiste en un corps de logis, contenant sale et cuisine, deux belles chambres de plain-pied au-dessus, et grand grenier qui regne sur tout le bastiment : Au bout un logement pour le Fermier d'une sale, chambre, grenier et fourny, écuries pour plusieurs chevaux, tout cela basty de neuf, bien approprié et bien commode, n'étant construit que depuis Quatre ou cinq ans au plus. Item, soixante et dix arpens de bonnes terres labourables, et trois ou quatre arpens de pré; le tout affermé deux-cens cinquante livres de rente. Item grande cour à ferme, jardin d'étenduë derriere les logis, planté de grands arbres fruitiers en partie, une filassière, et le reste en potager. On n'aura qu'à s'adresser au Bureau pour cette affaire.

Il y a encore environ douze arpens de terre médiocres, que le Fermier n'a pas eu par son bail; car on pretend s'en accomoder avec quelques autres personnes.

Si les Imprimeurs et Libraires qui sont du Diocese de Chartres, ont dessein de faire imprimer l'Office d'un des anciens Patrons de cet Evêché traduit en François, avec les Leçons, Respons, Versets, et sa vie recueillie des bons Auteurs, pour la consolation des Ames pieuses envers les Saints Protecteurs de leur Patrie. Ils pourront s'adresser à nous ou nous en faire écrire, et nous leur communiquerons le Manuscrit, sous l'auspice *de quelque honneste gratification pour l'Auteur.*

Du Samedy 29 aoust. *On sçait une maison à
vendre dans l'un des grands quartiers de la Ville
de Paris, et qui ne sera point sujette à estre abattuë :
Elle consiste en un fort beau bastiment de plusieurs grands étages aèrez et détachez, boutique
arrière-boutique, caves, etc., du prix de trente
mille livres; on donnera toutes les assurances que
l'on peut demander, et le décret dans la main de
l'acquereur.*

Du Dimanche 30 Aoust. *On demande si l'on
veut s'accommoder de plusieurs terres, belles et
bien conditionnées, toutes en beaux droits, et nul-
lement chargées, remplies de bois de hautes fus-
tayes, couvertes, garnies de garennes, etc. toutes
situées en pays abondant, dans l'étenduë de quinze
lieües de Paris, et dans des lieux où l'on peut aller
commodément en tout temps : L'on en donnera
pour cinq, six, sept, huit et jusqu'à dix mille
livres de rente. Celui qui s'en veut défaire ne
demande point d'argent, mais seulement qu'ils
soient solvables; et pour faciliter l'accommodement,
l'on prendra pour le prix, des rentes, soit sur
l'Hostel de Ville, ou bons particuliers, obligations en bonne forme, maisons dans Paris, jardins
de plaisance, meubles curieux, estimez par gens à
ce connoissans, et tels autres effets qu'on aura à
luy donner en eschange. Cette affaire est très-*

bonne, et qui peut accommoder divers particuliers, puisqu'il y a de bonnes maisons mesme avec les-dites Terres. On n'aura qu'à s'addresser à notre Bureau pour en apprendre le propriétaire.

On demande quelqu'un qui scache la Langue Espagnolle, pour l'apprendre à un jeune Gentil-homme, qui le reconnoistra fort honnestement, et l'on l'indiquera dans notre Bureau d'Adresse.

Du Lundy 31 et dernier Aoust. *On donne avis d'une belle Terre en roture au long de la Loire, consistant en trois cens cinquante arpens d'heri-tage ou environ, dont il y en a cinquante plantez en bois taillis prests à couper; Le surplus est com-posé de terres labourables, prez et pasturages, dans lesquels prez il se recüeille plus de foin qu'il n'en faut pour la fourniture de deux Laboureurs, qui demeurent dans ledit lieu; composé de deux Fermes, et d'un pavillon fort agreable et en belle veüe pour le Maistre; et les dites deux Fermes garnies et montées de cinquante bestes à cornes, huit juments, bestes asines, cent cinquante bestes à laine, porcs, volatilles, etc. meublé de foin, de paille et autre fourrage necessaire, desquelles choses on s'accomodera à prix fort raisonnable, et suivant les voyes les plus faciles.*

On vendra une Maison size dans l'un des plus grands Fauxbourgs de Paris, à present loüée quatre cens livres : Elle consiste en deux bou-tiques, sale dans le fonds, cave, et une chambre

au dessus de ladite sale, court, puits et lieux met-
toyens, quatre estages au dessus et à chacun des
dits estages plusieurs chambres, dont il y en a six
belles sur le devant de la ruë; ladite maison bien
bastie de pierre de taille, et presque toute neuve.
On la vendra huit mille livres, ou sept-mil-sept
cens livres au dernier mot; et l'on ne donnera
l'argent qu'après le decret. Ladite maison est
chargée de deux cens livres de rente, que l'on ra-
cheptera si l'on veut, et l'on donnera toutes les
seuretez necessaires pour sa vente.

Du Mardy premier jour de Septembre 1676.
Une personne veut se défaire d'un fort bon Cla-
vessin de defunt Jacquet; il est tout a fait bien
conditionné, proprement peint, et orné, tant
dedans que dehors, monté sur un beau pied de bois
de noyer : on en fera une bonne et honneste com-
position, et l'on s'adressera pour cet effet au Bu-
reau d'Adresse.

On donne avis à ceux qui voudront parachever
la vuidange et écurremens des canaux et estangs
de Cachan, appartenans à Messieurs de Saint-
Germain des Prez, que l'adjudication s'en doit
faire cette Semaine dans ledit Hostel de Saint-
Germain des Prez, chez M. Pelisson Conseiller
du Roy en ses Conseils, et Maistre des Requesques
ordinaires de son Hostel.

On donne avis qu'il y a un honneste homme à
Paris fort sçavant dans la Peinture, qui possede

*quantité de Tableaux curieux, et d'oyseaux de
toute espece, representez au naturel. Si quelqu'un
en a besoin, pour orner des Cabinets, Chambres,
Galleries, et bordures de cheminées il en fera un
prix si honneste que l'on en sera content. Nous
indiquerons sa demeure au Bureau d'Adresse.*

Du Mercredy 2 septembre. — *On donne avis
qu'il y a une maison à vendre dans un des beaux
Faubourgs de Paris, consistant en deux corps de
logis contigus l'un à l'autre, situez sur le devant
de la ruë, ils contiennent trois grandes caves, que
les Taverniers peuvent bien loüer, trois sales,
huit chambres de plain-pied, partagées en deux
estages, et quatre greniers au-dessus, Item, une
petite court, fort bon puits de onze à douze toises
de profondeur, jardin de plus d'un demy quartier
d'étenduë, jeu de boule et berceau, pour manger
à la fraischeur, deux meuriers, vendus tous les
ans huit livres, treille de verjus, et arbres fruitiers; Elle est loüée presentement Soixante et
douze écus, Et le propriétaire outre cela s'est ré-
servé les trois caves, et une moitié de jardin :
Elle est du prix de quatre mille cinq cens livres ;
& le loüage est plus que l'intérêt de cette somme.*

AVIS AUX DAMES

*La personne qui a trouvé le secret de l'excel-
lente pommade sans fard et sans mélange, pour*

*tenir le teint frais des Dames, et les deshâler,
apres qu'elles ont esté au grand air des promenades à Paris ou à. la campagne, donne advis
qu'elle en a fait d'excellente, et qu'elle en a confié
quelques pots au Bureau d'Adresse, pour en dis-
tribuer à ceux qui en auront besoin.*

AVIS POUR LES AMES PIEUSES

*Le 14 de ce present mois de Septembre, jour de
l'Exaltation de Sainte-Croix, que l'on doit celebrer à la Sainte Chapelle, les RR. PP. Mathurins de la ruë S. Jacques, iront en Procession le
matin adorer la vraye Croix, et à l'issuë de
la Grand'Messe la Predication se fera par le
R. P. Aujoyaux, Religieux du mesme Ordre, l'un
des gentils esprits de cette Maison.*

LIVRES NOUVEAUX

dont on a apporté les titres au Bureau d'Adresse.

Cours d'Architecture, enseigné dans l'Académie Royale d'Architecture, par Monsieur Blondel, Mareschal de Camp aux Armées du Roy, Directeur de l'Académie Royale d'Architecture et Maistre de Mathematique de Monseigneur le Daufin; Ce Livre se vend chez l'Auteur ruë Jacob, et merite bien que les curieux en grossissent leur Bibliotheque.

Le Plan de la Ville de Paris, levé par les ordres du Roy, et par les soins de Messieurs les Prevost des Marchands et Eschevins, par le sieur Bulet, Architecte de Sa Majesté et de la Ville, sous la conduite de M. Blondel, Mareschal de Camp, etc. Et se vend à Paris chez le sieur Blondel, ruë Jacob, proche celle de Saint Benoist, au Fauxbourg Saint Germain.

Livre de pieté intitulé les plus beaux Eloges que les Saints-Pères et autres Auteurs pieux ont donné à la Sainte Mere de Dieu, dedié à Mademoiselle de Blois. Il se vend chez Geoffroy Marchier ruë Saint Jacques, à la Ville de Rome.

Lettres spirituelles sur les scrupuleux, écrites par deux grands serviteurs de Dieu, et Directeurs des Ames, adressées aux personnes qui sont atta-

quées de ces inquietudes d'esprit. Elles se vendent chez Jacques de Laizè-de-Bresche, ruë Saint Jacques, à l'image de Saint Joseph, proche la fontaine Saint Benoist.

Tables generales du Droit, servant de Carte universelle et de Mappemonde à l'immensité des Loix inserées dans les six grands volumes qu'on appelle le Cours Civil et Canon, avec une nouvelle disposition des mesmes Loix, corrigée des erreurs de leurs anciens Compilateurs, et mis dans un ordre curieux et commode, pour le soulagement de la memoire. Ouvrage necessaire aux plus sçavans de l'une et de l'autre Profession, Juges, Magistrats, Advocats, et à tous ceux qui enseignent ou estudient le Droit ; Dedié à Monseigneur le Chancellier, par Maistre Antoine Geoffroy, Advocat au Parlement de Provence : et se vend à Paris chez Estienne Loyson au Palais, dans la Gallerie des Prisonniers, au Nom de Jesus. Ce livre est infolio, on le vend demy Loüis.

Comme il n'y eût pas assez d'espace dans nostre dernier Journal, nous nous contentasmes de Louer un Livre et son Auteur, qui le meritent avec justice, puisqu'ils sont dans l'approbation universelle, sans en rapporter le titre : Si quelqu'un donc en est en peine ; c'est la Methode Veritable d'apprendre en peu de temps la Pratique, avec quelques Traitez de toutes les matières qui sont en usage en France ; composée par Monsieur Rousseau, Docteur en Droit, Advocat en Parle-

ment, et qui se vend à Paris au nom de Jesus, chez
Estienne Loysòn, au Palais.

On donne Avis aux gens d'intrigues et d'af-
faires, que ce Journal, et ceux qui le précedent,
sont remplis d'avis tres utiles, et qui peuvent leur
procurer un gain honneste et légitime.

AVIS SUR CE JOURNAL.

Comme il est venu beaucoup plus d'affaires au Bureau d'Adresse cette Semaine
qu'en toutes les autres, nous n'avons pû
nous dispenser de donner trois Cahiers au
Public; et c'est ce qui a fait en mesme
temps que nous avons reculé d'un demy
jour, le Mercredy n'ayant pas esté suffisant
pour imprimer un si grand nombre de
choses à la fois.

On continuëra tous les Jeudis, à donner au
Public les Journaux des Avis et Affaires publiques,
dans le Bureau d'Adresse, estably chez le sieur
Colletet, rüe du Meurier, proche Saint Nicolas du
Chardonnet; Et l'on distribuëra tous les jours dans
ledit Bureau tout ce qu'il y a de Cahiers depuis son

Establissement, qui tous ensemble contiennent une suite curieuse et necessaire. Les jours pour recevoir les Avis et Memoires, Affiches, Billets, Ventes, Achapts, Pertes, Secrets, etc., sont les Lundy, Mercredy et Vendredy l'apresdinee, depuis une heure jusqu'à six heures du soir; et l'on taschera de satisfaire ceux qui nous honoreront de leurs visites.

JOURNAL

ET SUITE DES AVIS

ET DES AFFAIRES

DE PARIS

Contenant ce qui s'y passe toute la semaine de plus considérable pour le bien Public.

Le commun Proverbe dit que les jours se suivent, et ne se ressemblent pas; il en est de mesme du cours des Affaires; Dans une semaine elles viennent en foule, et dans une autre elles nous donnent du relâche; c'est ce mélange du plus et du moins, qui fait le divertissement des hommes : Ainsi dans la saison des Vacations, peut-estre n'y aura-t-il qu'un Cahier la semaine, dans un autre deux, par hasard trois; et nostre nombre ne laissera pas, Dieu aydant, d'estre égal à la fin de l'année, et tout le monde par cette égalité se trouvera satisfait.

Prolongation

Nouvelle Ordonnance de Monsieur de la Reynie, Juge et Lieutenant General de Police, à la

trés humble priere des Marchands de la Foire
Saint-Laurent, affichée par tout où besoin a esté,
et publiée à son de Trompe, portant prolongation
de ladite Foire de S. Laurent, en faveur desdits
Marchands, à commencer depuis le premier septembre, jusqu'au quinziesme du mesme mois, pour
leur donner moyen de se recuperer des grands
frais qu'ils ont esté obligez de faire, pour le transport de leurs Marchandises et le peu de vente qu'ils
en ont faite.

La Coustume enseignée

Il ne suffit pas pour hanter le Barreau, de sçavoir le Droit Romain; les affaires du monde ne
roulent pas toûjours sur les Loix écrites, la coustume est un Docteur en diverses occasions, car où
celles-là défaillent, celle-cy prend la place; c'est
pourquoy les jeunes gens qui aspirent à la Robe,
peuvent ne pas laisser echaper l'occasion favorable d'un honneste homme, qui leur offre ses
soins, pour leur faire un Cours de Coustume pendant les Vacations. Il loge sur le Quay qui aboutit
à l'horloge du Palais d'un costé, et au Cheval de
Bronze de l'autre.

Reagrave d'importance

Apres trois Dimanches consecutifs que Monitoires ont esté publiez, comme on le peut voir dans

8

l'un de nos Journaux précédens; on publia le sixieme Septembre 1676 dans les Paroisses ce Reagrave contre les mesmes certains Quidams dénommez dans lesdits Monitoires, accusez de banqueroute ouverte, et d'avoir diverty quantité d'effets, latité et caché de l'argent, etc., le tout à la requeste et poursuite de Messire Vincent Hotman, Chevalier, Seigneur de Fontenay, Conseiller du Roy en ses Conseils, Intendant de ses Finances; Messire Philippes de Genou, Seigneur de Guibeville; et Messire François Malo, Conseiller du Roy en sa Cour de Parlement; Messire François le Gros, Conseiller du Roy en son Grand Conseil; Messire Jacques Deffita, Conseiller du Roy en ses Conseils, Lieutenant Criminel de la Prevosté et Vicomté de Paris; Messire François Moulier, et plusieurs autres, tous Complaignans et Créanciers, et Directeurs des autres Créanciers de Messire Jean du Bouchet, Marquis de Sourches, et de defunte Marie Nevelet son épouse, et de Messire François Louis du Bouchet et de leur fils, et de Dame Marie Geneviève de Chambes son épouse, et autres.

Nouveau billet apporté au Bureau d'Adresse, par lequel on donne avis que la Bibliothèque de feu M. Blaise, Chapelain perpetuel de la Basse Sainte-Chapelle, consistant en quantité de Manuscrits, Livres de Théologie, Peres de l'Eglise et autres, est toûjours à vendre, chez Monsieur Blondel, Docteur Regent, en la Faculté de Médecine, ruë S. Denis, vis-à-vis les Filles-Dieu.

AVIS & AFFAIRES

DE LA SEMAINE

Apportez au Bureau d'Adresse du Sieur Colletet,
pour en informer le Public.

Du Mercredy 2 Septembre 1676. *Nous sça-*
vons une fort jolie maison à vendre, située hors
l'un des Fauxbourgs de Paris, que l'on peut ainsi
appeller aux champs et à la Ville; Bien des Mar-
chands et des Bourgeois, qui ne veulent pas s'éloi-
gner de leur trafic et negoce, seront peut-estre
bien-aises d'une si favorable rencontre : Elle est
du prix de trois-mille-cinq-cens livres, et consiste
en une sale basse fort propre, cave de mesme
grandeur, une court, un puits, deux estables, dont
on peut faire de l'une une écurie. Item, deux cham-
bres bien logeables, et un grenier. Plus un beau
jardin d'un demy arpent ou environ, ou il y a
une treille de fort bon rapport, qui règne tout
autour : L'achat en est fort seur, puisqu'il n'y a
ny charges ny hypothèques ; et nous en donnerons
au Bureau d'adresse telle connoissance que l'on
souhaitera.

Du Jeudy 3 Septembre ; *Il y a certaines affaires*
dans la vie, dont on peut répondre de la bonté et

du succez : Celle-cy est de cette nature. Une per-
sonne vendra quatre bonnes obligations en bonne
forme, passées par devant Notaires, sur des parti-
culiers très solvables : La première est de trois
cens soixante et quinze livres, pour argent presté :
La seconde de cent deux livres, prestées pareille-
ment, pour tirer la débitrice d'affaire urgente, et
d'une condamnation par corps : La troisième est
de deux-cens soixante et dix livres pour Mar-
chandise achetée de prix fait et délivrée : La qua-
trième, de la somme de cinq cens-vingt-cinq li-
vres, pour prest et parfaits payement de diverses
Marchandises fournies et livrées, et au cas que
l'acheteur doute encor de la solvabilité des parties,
après bonnes et deues declarations de leurs biens
et facultez et desdites obligations de fraische datte
toutes signees et paraphees de deux Notaires, le
vendeur s'obligera de luy-mesme, fera signer et
ratifier tous ceux qui sont interessez dans ladite
affaire; et mesme il s'accommodera moitié argent
comptant, l'autre sur bons effets ou vaisselle d'ar-
gent, suivant la prisée qui sera faite par gens qui
s'y connoissent, ou enfin sur quelque rente parti-
culière ou petite maison bien seure et commode
dans quelque endroit de Paris que ce puisse estre.

On sait une belle paire d'Armoire à vendre
toute neuve et fort bien travaillée, à deux grands
guichets brisez, pour serrer des habits, du linge
ou d'autres hardes : Elle est de ces beaux bois
ondoyez, et faite par un bon ouvrier : et elle pour-

roit estre commode mesme pour serrer des Livres
curieux et particuliers dans une Bibliothèque.

Du Vendredy 4 Septembre. — *Une personne a
perdu dans les Capucines un Porte-cédule; où il
y a des papiers qui lui sont de la dernière conséquence, et qui regardent les bastiments de Ver-
sailles. Si quelqu'un en a nouvelle et le peut découvrir, et qu'il nous le fasse sçavoir au Bureau
d'Adresse, on lui promet une fort honneste reconnoissance.*

Du Samedi 5 Septembre. *Nous avons avis
d'un bon Benefice simple de deux mille cinq cens
livres de rente, qui appartient à une personne dont
le nom n'est pas inconnu : ledit Benefice situé en
un fort beau pays et fertile, non loin de Paris : Il
y a haute, moyenne et basse Justice, droit de
chasse et de pesche, et autres droits Seigneuriaux,
avec la maison du Beneficier et du Fermier; et
l'on demande sur ledit revenu, que l'on fera voir
sur les lieux par les baux, estre fixé et asseuré, le
tiers de ladite somme, pour la pension viagere du
Resignataire.*

*On donne avis aux Proprietaires des maisons,
et à tous ceux qui font bâtir, tant dans la Ville
et Fauxbourgs de Paris, qu'à la campagne, que
s'ils ont besoin de bonne et fine ardoise, pour les
couvertures de leurs maisons, il y a un Magazin
étably pour cette sorte de marchandise, où on*

leur en fera très-honneste composition, soit au
millier, au cent, ou en telle quantité qu'il leur
plaira. On sçaura l'endroit au Bureau d'Adresse.

Jeudy prochain, dixième septembre, dans l'Es-.
tude de M. Creuilly, Procureur de la Cour, ruë
S. Germain de l'Auxerrois, l'adjudication pure
et simple se fera d'une maison et jardin sise ruë
du Mail, et de deux maisons encore attenantes,
qui appartiennent à M. de Laune : la grande
maison est louée à M. de Laré Jageolet seize cens
livres, et les deux petites six cens.

Du Dimanche 6 Septembre. *Si pendant les va-*
cations quelqu'un désire se pourvoir d'une Office
d'Huïssier à Verge au Chastelet de Paris, pour
commencer à travailler dès la Saint Martin pro-
chain, on luy en indiquera une au Bureau d'Adresse
à fort bon compte, qui n'a ny charge ny hypothe-
ques et la personne qui s'en défera, pourra s'ac-
commoder, si l'on luy donne moitié argent comp-
tant, et l'autre moitié; ou sur de bons effets, ou
sous de bonnes assurances.

BOISSON NORMANDE.

Du Lundy 7 Septembre. *Tout le monde n'est*
pas né pour le vin; les uns ayment la biere, les
autres cherissent le cidre comme un remede mesme
salutaire pour le corps humain; Ceux qui auront

donc inclination pour ce dernier, on en sçait de bon au milieu de la Ville, et qui vient des meilleurs endroits de Normandie sans aller chercher si loin vers la porte Saint-Denis : On sçaura le lieu dans le Bureau d'Adresse, et le nom de la ruë, quand on en aura besoin.

Comme nous sommes dans un siecle où l'on tâche de rafiner sur toutes choses, et où les hommes subtilisent leur esprit, et acquierent tous les jours de nouvelles connoissances; si le pubic en a besoin d'un qui a trouvé par ses soins et par ses veilles, une metode courte et facile, pour apprendre en six mois à la Jeunesse, qui demeure des années entières à perdre son temps, n'aura qu'à s'adresser à nous, et nous luy ferons sçavoir son nom et sa demeure.

Du Mardy 8 Septembre. *La feste de la Nativité de la Vierge s'estant rencontrée en ce jour, le Public a quitté le soin des affaires pour se donner à la pieté et à la visite des Eglises et des Hospitaux, où il y a eu de grandes Indulgences, et des prieres ferventes pour la conservation de Sa Majesté, et pour l'heureuse prospérité de ses Armes.*

CONVOY NOTABLE.

Du Mercredy 9 Septembre. — *Madame Lescot, connuë des Illustres et des Curieux de Paris, mourut Lundy dernier 7 Septembre, et a esté*

inhumée aujourd'hui 9 du mesme mois dans l'Eglise
S. Barthelemy sa Paroisse.

DIVERTISSEMENT PUBLIC.

L'Académie Royale de Musique quitte la Tra-
gedie d'Atys, pour prendre Vendredy prochain
la Mascarade du Carnaval avec ses agréments,

Si quelqu'un a des Livres à vendre, ou qu'il sçache
ceux qui s'en voudront défaire, il n'aura qu'à nous aver-
tir, nous avons toujours des Libraires en main avec
lesquels on trouvera son compte, et sans que personne en
soit imbu.

LIVRES NOUVEAUX

dont on a apporté les titres au Bureau d'adresse

Nous avons oublié de dire dans le dernier Journal, en parlant des Tables generales du Droit, dediées à Monseigneur le Chancelier, et dressées par M. Antoine Geoffroy, Sieur de la Tour Advocat, que ce Livre est de 40 s. en blanc, un écu en parchemin et 4 liv. relié en veau. C'est chez Loyson le jeune au Palais.

Exercices de l'Esprit pour apprendre l'Art de bien parler François, et de se former dans la belle et nouvelle Ortographe, Ouvrage utile au public et à la petite jeunesse, qui commence à lire ou écrire : Ce livre se vend chez l'Auteur rue du Petit-Lyon, aboutissante à la rue de Tournon, Faubourg S. Germain.

Metode nouvelle pour apprendre le Plain-Chant, divisée en 4 parties tant à l'usage de Rome qu'à celuy du Diocese de Paris, par Estienne Droüaux, Maistre de Musique à Paris, et se vend chez Blaisot, rue Bordelle, proche la Porte S. Marcel.

*Le Missionnaire universel de l'Oratoire conte-
nant en quatre parties toutes les matières sur
lesquelles on peut prêcher, et qu'on doit traiter
aux Missions, trois Avents, deux Octaves du
S. Sacrement, et deux tomes de Sermons pour
tous les jours de Carême; le tout divisé en
10 volumes. Ouvrage necessaire à ceux qui
preschent l'Evangile, particulièrement à ceux de
la campagne, qui ne peuvent avoir de nombreuses
Biblioteques, par le R. P. le Jeune, dit le Pere
Aveugle, Prestre de l'Oratoire de* Jesus, *chez
Frederic Leonard, rue S. Jacques.*

*Epistres choisies de S. Gregoire le Grand, qui
se vendent chez la veuve du Puis, rue S. Jacques,
à la Couronne d'or.*

*Histoire de Pierre d'Aubusson, grand Maistre.
de Rhodes, composée par le R. P. Bouhours de la
Compagnie de* Jesus, *chez Sébastien-Mabre-Cra-
moisy, ruë S. Jacques aux deux Cigognes.*

La vie mystique de Jesus-Christ *dans le très
Saint Sacrement de l'Autel, par le R. P. Jacques
Noüet, de la Compagnie de* Jesus; *chez François
Muguet, rue de la Harpe, à l'adoration des trois
Roys.*

*Conclusion de l'histoire d'Alcidalis et de
Zelinde, commencée par M. de Voiture, et ache-*

vée par le sieur des Barres, *nouvelle Edition,
revuë, corrigée et augmentée ; chez la veuve
François Mauger, au quatrieme pilier de la
Grand'Sale du Palais, au Roy Cyrus.*

*Ceux qui veulent s'instruire de la diversité des
Affaires que l'on traite au Bureau, et de la nature de
celles dont ils nous peuvent donner avis, n'ont qu'à
prendre audit Bureau les journaux, qui vont jusqu'à
présent au nombre de sept; et dans une heure de temps
ils seront sçavans dans ces utiles matieres. On prie Messieurs les Prédicateurs, Auteurs, Professeurs et autres
personnes qui envoyeront leurs noms audit Bureau, de
les faire écrire correctement et lisiblement, afin que
l'on n'y fasse point de fautes. Au reste l'on ne doit pas
trouver mauvais si l'on rencontre souvent dans nos journaux, des choses qui sont affichées, outre qu'on nous les
apporte pour les inserer dans cette histoire journalière;
c'est que la mémoire s'en perdrait quand elles seroient
une fois déchirées; et ceux qui écrivent jusques aux
moindres choses avenuës dans les temps, sont bien aises
de les trouver au besoin avec leurs dattes, pour s'en
servir utilement dans leurs écrits.*

On continuera tous les jeudis, à donner au Public les Journaux des Avis et Affaires publiques,
dans le Bureau d'adresse, estably chez le sieur
Colletet, rüe du Meurier, proche Saint-Nicolas de
Chardonnet ; et l'on distribüera tous les jours dans
ledit Bureau tout ce qu'il y a de cahiers depuis son

Establissement,qui tous ensemble contiennent une
suite curieuse .et nécessaire. Les jours pour recevoir
les avis et mémoire, affiches, billets, ventes,
achapts, pertes, secrets, etc. sont les Lundy, Mercredy et Vendredy l'apres dinée, depuis une jusqu'à six heures du soir, et l'on taschera de satisfaire ceux qui nous honnoreront de leurs visites.

JOURNAL

ET SUITE DES AVIS

ET DES AFFAIRES

DE PARIS

Contenant ce qui s'y passe toute la Semaine de plus considérable pour le bien Public.

On s'estonne de voir tant d'affaires au Bureau, dans un tems où tout cesse par l'absence de la plus grande partie des gens d'affaires mesme : Cette abondance peut donner à connaître conbien les particuliers trouvent de satisfaction dans l'ordre que nous establissons aux dépens de nos soins, de nos veilles, et de nos continuelles assiduitez; Il ne se passe guère de semaines à présent que l'on achepte quelque maison, que l'on n'échange ou que l'on ne fasse quelque autre accommodement par notre entremise ; et nous avons déjà quelques articles consommez, et divers autres encore, qui ne passeront pas quinze jours sans l'estre. Ceux à qui on a délivré des billets, pour s'aboucher avec les parties, peuvent rendre un fidèle témoignage de cette verité ;

et après qu'ils seront demeurez d'accord de leurs faits, nous les prions de nous en donner avis, afin d'en décharger nos Registres ; et que le public sçache de temps en temps par nos cahiers ce qui s'y sera passé sur ces importantés matieres, dans lesquelles tout le monde en general, et chacun en particulier se doit intéresser.

Vente de Livres

On vient de nous communiquer un billet, qui donne avis de la vente des Livres de feu Monsieur l'Abbé de Castille, consistant en Saintes-Bibles, Pères de l'Eglise, Theologiens, Conciles, Historiens, Ecclésiastiques et Prophanes de France, d'Allemagne, d'Italie et d'Espagne ; laquelle vente se fait sur le quay des Augustins, proche l'Hostel de Luynes, en la maison où estoient les Coches de Lyon.

Arrest Important.

Du Conseil d'Estat, qui réforme plusieurs abus et entreprises des Ministres de Sedan et ce conformément aux Edits et Déclarations du Roy : ledit Arrest en datte du 21 aoust 1676. Imprimé chez Frederic Leonard, Imprimeur du Roy et du Clergé de France avec privilege.

Divertissement honneste.

Ceux qui voudront passer quelques heures du jour innocemment, et apprendre en mesme tems les termes de la Fortification ; sçauront qu'il y en a un jeu estably hors la Porte S. Victor, à l'Entrée du Fossé qui conduit aux Religieuses Angloises, et aux Pères de la Doctrine Chrestienne.

Ordonnance nécessaire.

Nouvelle ordonnance du Roy et de Messieurs les Prevost des Marchands et Eschevins de Paris, por-tant defences expresses aux particuliers qui tiennent les Batteaux de selles à laver la lescive, d'exiger aucuns droits des porteurs d'eau, qui puisent de l'eau à la Rivière, ains leur laisser la liberté de passer sur les Batteaux et planches conformément à l'obligation qu'ils ont de ce faire par leurs con-cessions, à peine de punition corporelle ; ladite Ordonnance en datte du neufième septembre, 1676.

Nouvelle Bibliothèque en vente.

Les Livres de feu M. du Jour, Conseiller au Châtelet de Paris, sont à vendre en détail dans sa

maison rüe des Barres, proche Saint-Gervais, ou
les Curieux pourront se rendre tous les jours de la
semaine à deux heures de relevée.

Avis pieux.

Vendredy prochain et Dimanche 18 et 20 du mois,
qui se rencontrent dans l'Octave de l'Exaltation
de Sainte-Croix : il y aura de grandes indulgences
au Mont-Valérien, où les âmes pieuses sont exhor-
tées de monter, et d'y entendre en mesme temps la
Prédication de deux Prédicateurs célèbres.

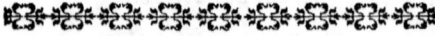

AVIS & AFFAIRES

DE LA SEMAINE

Apportez au Bureau d'Adresse du Sieur Colletet,
pour en informer le Public.

Du Mercredy 9 Septembre 1676, aprez-midy.
*On sçait un fort beau Cabinet d'Orgues bien
entier et bien conditionné à huit jeux, qui n'est
pas celuy dont nous avons parlé dans nos journaux précédens, et qui peut estre fort propre
pour un Monastere de Religieux ou Religieuses,
petite Paroisse de Paris, ou centre considerable
à la campagne, Communauté ou College. On le
donnera pour cinquante Loüis, quoy qu'il ait
effectivement cousté plus de cent pistoles. On
pourra sçavoir au Bureau celuy qui s'en veut
défaire.*

*On sçait une belle maison consistant en trois
grands corps de logis à divers étages et apparte-
mens de plain-pied, accompagnez de toutes les
commoditez necessaires et de trois grands jardins
fort propres et fort bien ajustez ; deux de ces
maisons sont loüées quatre cens cinquante livres ;
et la troisième sur le mesme pied ; le tout est du
prix de douze mille livres ; et leur situation est*

9

au bout d'un des Fauxbourgs de Paris. Le pro-
priétaire s'accommodera avec les achepteurs de
quelque argent comptant, et le reste se pourra
faire par echange de quelque autre petite maison
dans Paris, de quelque rente ou autres choses
semblables. Le Bureau fera connoistre le reste
des circonstances.

Du Jeudy dixieme septembre. *Une personne*
demande par bon contrat de constitution la somme
de cinq cens livres, au denier vingt, à prendre
sur une maison à porte cochere, composée de deux
corps de logis, loüée sept - cens - quatre - vingt
livres, et située dans l'un des meilleurs quartiers
de Paris, au cœur de la Ville; et l'on mettra que
ladite somme a esté employée au payement d'un
Maistre Masson, qui a fait des réparations néces-
saires dans ladite maison, lequel en fournira
quittance; et ladite maison appartient à la femme
de celuy qui demande ladite somme, laquelle
s'obligera conjointement avecque luy pour plus
grande seureté de cette somme modique. Cette
affaire est fort bonne, et mérite bien que l'on en
prenne une plus ample connoissance en nostre
Bureau d'Adresse.

Du Vendredy 11 Septembre. *Un honneste homme*
qui sçait la Langue Latine parfaitement, et l'Ita-
lienne de mesme, et qui ne peut se résoudre à voir
son nom dans les Affiches publiques, s'offre aux

*honnestes gens qui auront des Livres Italiens ou
manuscrits à traduire fidèlement, d'y travailler
quelques difficiles qu'ils soient ; de montrer cette
Langue à quiconque desirera l'apprendre avec
beaucoup d'assiduité, et par le secours de la
Latine mettre les Etrangers sur le pied d'apprendre aussi facilement les autres Langues ;
cependant pour faire voir en mesme temps qu'il
sçait un peu la versification Latine, il invite par
ce distique les curieux de se servir de son ministere,*

Si cupis Italicam breviter perdiscere Linguam
Romana hic proceres advena verba docet.

*On sçaura son nom et sa demeure à nostre Bureau
d'Adresse.*

PERTE

Du Samedy 12 Septembre. *Lundy passé septième
jour de ce mois, un peu après midy, depuis le
Palais jusqu'aux Filles Sainte-Marie de la rue
Saint-Antoine : Il y eut plusieurs papiers perdus
ployez ensemble, environ de la largeur de quatre
doigts, attachez d'une épingle, et écrits sur l'enve-
loppe de la main d'une femme ; ce sont des quit-
tances signées de la personne mesme qui les
reclame ; et plusieurs autre receus encore qui luy
sont de la dernière importance. Si quelqu'un nous
en donne des nouvelles asseurées, il fera une très*

grande charité ; et nous l'asseurons en mesme
temps d'une recompense honneste.

Du Dimanche 13 Septembre. *On demande un
petit Fief à sept, huit ou dix lieües de Paris du
prix de trois, quatre à cinq mil livres, on trouvera Marchand, et la somme contante en partie,
et asseurance pour le reste, pourvû que l'on rencontre aussi la mesme seureté du costé des ven-
deurs, qui pourront, dès qu'ils en auront eu avis
par nos Cahiers, s'adresser à nostre Bureau
d'Adresse.*

*Tout le monde n'a pas de grosses sommes à
mettre en constitution de rente : Il y a bien des
particuliers qui ont de petites parties qu'ils veulent asseurer, comme il y en a bien aussi qui
ne veulent pas se charger d'un payement si lourd
par année : Par exemple, tel n'a besoin que de
cinquante écus, tel autre de cent, celuy-cy de
quatre à cinq cens livres, cet autre d'un peu
davantage, et de vray les uns et les autres ne ris-
quent pas tant de cette maniere. C'est pourquoy
s'il se présente quelqu'un qui ait de pareilles
sommes qu'il veuille bien placer, nous sçavons
plusieurs personnes qui feront les choses de bonne
grace, et auront toutes sortes d'asseurances.*

Du Lundy 14 Septembre. *On nous demande une
maison de prix dans les endroits les mieux postez
autour du Palais. Si quelqu'un en sçait quelqu'une*

belle et bien commode, il pourra, s'il luy plaist nous l'indiquer, et nous tâcherons de la luy faire vendre.

LANGUES

Du Mardy 15 Septembre. *Si quelqu'un dans l'Université désire un Repetiteur pour les Lettres Humaines, on en connoist un fort capable, qui sçait le Grec et le Latin, qui fait bien des Vers en cette Langue, et qui ayant mesme une connoissance parfaite de l'Italienne, la pourra facilement montrer et en peu de temps à ceux qui désireront l'apprendre : Il est de bonnes mœurs et sera de facile et honneste composition. Au reste, si l'on en a besoin, non-seulement dans cette Profession, mais dans toutes les autres qui regardent les bonnes Lettres, comme pour faire discours François ou harangues Latines, vers Latins ou François, compositions Grecques ou Italiennes, versions, traductions, déchiffrements, et autres travaux de cette nature, nous sçaurons toujours des gens qui s'acquitteront dignement de ces nobles et penibles exercices.*

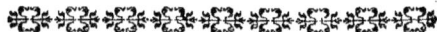

LIVRES NOUVEAUX

dont on a apporté les titres au Bureau d'Adresse.

Le Droit Ecrit et jugé entre les curez primitifs et leurs vicaires perpetuels, divisez en deux parties, dont la premiere contient plusieurs Arrests rendus entr'eux pour les droits honorifiques et utiles : La seconde partie comprend quelques Donations, Bulles et Transactions passées sur ce sujet ; Reveu, corrigé et augmenté en cette seconde Edition de plusieurs Arrests, et d'une Decision autentique faite en Cour de Rome, qui énonce les contestations des parties, chez Nicolas Bessin, au bout du Pont de l'Hostel-Dieu, proche la porte de l'Archevesché. Ce livre in-4° vaut 30 sous en parchemin et 40 sous en veau.

La grande guide des Pecheurs, traduite sur l'Espagnol du R. P. Loüis de Grenade, par le R. P. Simon Martin, Religieux Minime, reveuë et corrigée en cette derniere edition par N. D. M. E. avec une ample et nouvelle Table des matières; chez le mesme Bessin. Ce livre in 8° vaut 30 sous en parchemin, et 40 en veau.

Le Visiteur Spirituel des Religieuses par Messire Louys Abely, Evesque de Rhodez: Ce livre se vend chez Georges Josse, ruë S. Jacques, à la Couronne d'Espines.

Le pur ou parfait Christianisme, ou l'imitation de Nôtre Seigneur Jesus Christ, *composé par le R. P. Louys Camarel, de la Compagnie de* Jesus ; *chez Michel le Petit, ruë S. Jacques, à la Toison d'or.*

Instruction et pratique pour disposer le Malade à la patience et pour le préparer à la mort avec les prières de l'Eglise pour la recommandation des Ames agonisantes ; Ouvrage composé en faveur de ceux qui assistent les infirmes, par un Religieux de la Charité ; chez le mesme Michel le Petit.

Defence invincible de la verité orthodoxe de la présence reelle de Jesus Christ *dans la Sainte Eucharistie, où elle est prouvée par plus de trois cens argumens, dont les majeures sont tirees des Ecritures Saintes ; par le R. P. Basile de Soissons, Predicateur Capucin, et Missionnaire apostolique en Angleterre ; chez L. Raveneau, Imprimeur et Libraire, à la Porte S. Victor. Ce livre in 8° vaut en veau 45 sous et en parchemin 40.*

Le Missionnaire Paroissial, ou Sommaire des Exhortations familieres sur les principales Festes de l'Année, en faveur des Curez, Vicaires et Ecclesiastiques de la Campagne, pour l'instruction des pauvres et du simple peuple dans les Prosnes, Ouvrage tres utile pour les Predicateurs et ceux qui sont employez dans les Missions. Par

A. M. Gambart, Prestre ; chez Jacques Laise-de-Bresche, rue S. Jacques, proche la Fontaine S. Benoist. Il est en deux Volumes in-12. 3 livres en veau, 5o sous en parchemin.

On continuera tous les Jeudis à donner au Public les Journaux des Avis et Affaires publiques dans le Bureau d'Adresse, establly chez le sieur Colletet, ruë du Meurier, proche Saint Nicolas du Chardonnet, et l'on distribuëra tous les jours dans le dit Bureau tout ce qu'il y a de cahiers depuis son Establissement, qui tous ensemble contiennent une suite curieuse et necessaire. Les jours pour recevoir les Avis et Memoires, Affiches, Billets, Ventes, Achapts, Pertes, Secrets, etc. sont les Lundy, Mercredy et Vendredy l'apresdinee, depuis une jusqu'à six heures du soir, et l'on taschera de satisfaire ceux qui nous honoreront de leurs visites.

NEUFIÈME

JOURNAL

ET SUITE DES AVIS

ET DES AFFAIRES

DE PARIS

*Contenant ce qui s'y passe toute la semaine de plus
considérable pour le bien Public.*

Si les grands discours ne sont pas toujours les
meilleurs, il faut nous conformer aujourd'huy à
cet axiome veritable; et ce d'autant plus que comme
nous sommes chargez cette semaine de quantité de
Memoires d'importance qui doivent remplir nos
Cahiers, et que le Public brûle d'impatience de
voir, afin d'en faire son profit; il ne faut pas l'amu-
ser par des paroles superfluës, ny mediter une
longue Preface, qu'il pourroit peut-estre laisser et
ne pas lire, pour passer plus promptement du titre
à la matière.

NOUVEAU MONITOIRE

Publié Dimanche dernier 20 septembre, aux

Prônes de Six Paroisses de Paris, à la requeste de Charles Desnez et Pierre Michelet, Marchands Privilegiez suivant la Cour; en consequence d'une Sentence de l'Ancien Chastelet de Paris, contre certains quidams accusez d'avoir pris furtivement aux dits Complaignans et soustrait quantité de Marchandises, titres, obligations, parties arrestées, billets et promesses, etc. ce qui tourne à la ruine totale desd. parties complaignantes, si lesdits accusez ne font restitution, ou ne viennent à revelation dans le temps porté par ledit Monitoire.

OFFICE EN CRIEE

A la requeste de Dame Marie Lyonne, veuve de defunt Messire Charles Amelot, vivant Chevalier Seigneur de Gournay et autres lieux, Conseiller du Roy en ses Conseils, Maistre des Requestes ordinaire de son hostel, et Président en son Grand Conseil; on donne advis que l'on procedera à la Barre de la Cour, après trois publications à la maniere accoustumee, dont deux ont déjà esté faites à quelques Paroisses, à la vente et adjudication d'un Estat et Office de Conseiller du Roy, Commissaire au Chastelet de Paris, et l'on s'adressera pour cet effet dans l'Estude de Maître Michel Millet, Procureur de la Cour, Size ruë Saint-Martin, Paroisse S. Nicolas des Champs, où ladite Damoiselle Amelot a élu son domicile.

Fonds de librairie à vendre.

On avertit que l'on procedera cette semaine et les suivantes depuis huit heures du matin jusqu'à midy, et depuis deux heures de relevée jusqu'au soir, à la vente du fonds de Librairie de Michel le Petit, en sa maison ruë S. Jacques, à la Toison d'or.

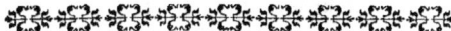

AVIS & AFFAIRES

DE LA SEMAINE

Apportez au Bureau du sieur Colletet, pour en
informer le Public.

Du Mercredy 16 Septembre 1676. *On donne
avis d'une petite maison fort propre, et garnie de
meubles fort honnestes pour la campagne ; elle est
située dans un des plus gentils villages qu'il y ait
autour de Paris, et en bel air, puisqu'elle a veuë
sur la grande Place : Si on ne la souhaite pas
meublée, il n'importe, elle en vaudra moins : Elle
est accompagnée de ses petites dépendances ; et
l'on donnera toutes les seuretez nécessaires à quiconque voudra s'en accommoder. Si l'on désire
s'adresser à nostre Bureau d'Adresse pour cette
affaire, nous en donnerons toutes les lumieres
qu'il nous sera possible, et nous nous entremet-
trons mesme pour la faire avoir à prix raisonnable.*

Du Jeudy 17 Septembre. *Un bon Bourgeois
Maistre Marchand à Paris, demande deux mil
livres comptant par contract, et pour seureté de
ladite somme, il hypothequera les biens cy-aprez*

*déclare{, situe{ dans la Ville et Fauxbourgs de
Paris. Premièrement, il fera voir en bonne forme
un partage de dix-huit mil livres. Item une maison
où il fait présentement sa demeure, consistant en
corps de logis sur le devant, porte cochere et
grande court. Item une autre grande maison
contenant deux sales, ecurie à placer plus de
vingt chevaux, trois caves, cinq chambres, grenier de si vaste estenduë, qu'on y peut serrer
jusqu'à dix milliers de foin, petit jardin derriere
avec son puits, sans mettre en ligne de compte les
autres qui accompagnent les demeures spécifiées.
Item, six corps de logis encore avec six boutiques, et plus de quin{e à sei{e chambres de
plain pied dans les estages. Autre petit corps de
logis à part, d'une sale, de deux chambres, d'une
grange, de deux écuries, grenier, court, puits et
jardin d'un quartier ou environ : Voilà, ce me
semble, asse{ de bien pour asseurer deux mille
livres, sur lequel bien ledit propriétaire ne doit
de bonne foy que six mille livres au plus ; et la
femme signera et ratifiera tout ce que le mary
fera, pour plus grande seureté des parties.*

Du Vendredy 18 Septembre. *Nous sçavons une
personne qui a vingt-cinq mille livres qu'il veut
mettre en employ, et qu'elle ne donnera qu'à
quelqu'un qui voudra faire bastir en place per-
mise, suivant les Ordonnances, afin d'estre substi-
tuée au lieu et place des Entrepreneurs et Ouvriers*

travaillant audit bastiment, pourvû d'ailleurs qu'il y ait des biens suffisants encore pour estre affectez et hypothequez à la seureté de cette somme considérable.

Nous en produirons quelques autres qui ne veulent employer leurs deniers qu'à parachever le payement de quelques Charges ou Offices de Judicature qui soient d'importance, non ailleurs qu'à Paris, comme de Conseiller en la Grande Chambre, ou au Chastelet, Maistre des Comptes, Auditeur, Correcteur, Conseiller de la Cour des Aydes, et autres Cours Souveraines.

Ou bien pour parfaire l'achapt de bonnes Offices, tel que sont celles des Mesureurs de Charbon, Mouleurs de Bois ; sur la Gabelle, sur le Foin, et autres de cette nature, qui soient de prix, et qui meritent un employ de deniers considérables pour ne les pas diviser en tant de parties, et pour que l'Office déjà payée à demy par l'acquéreur demeure en hypotheque à celuy qui en parfait le payement.

Si quelqu'un aussi desire s'accommoder de quelques unes des Offices suivantes, nous indiquerons au Bureau les personnes qui s'en veulent défaire, et le prix qu'elles veulent les vendre.

Premierement une de Vendeur de Vin, deux de Courtier de Vin, une autre de Vendeur de Bestail, et une d'Ayde à Mouleur de Bois, toutes bonnes et appartenantes à personnes d'accommodement.

Du Samedy 19 Septembre. *On nous demande si nous sçavons des carrosses sans chevaux ; des chevaux sans carrosses et mesme tous les deux ensemble à vendre. Item, des équipages bons et honnestes, nous indiquerons les personnes qui veulent les achepter, et qui en donneront un prix conforme à la bonté de la chose.*

Nous serons fort circonspects au Bureau dans les Matieres Beneficiales, et nous ne recevrons point d'avis que nous ne sçachions precisement qu'ils viennent de bonne part, on est bien aise de dire ce mot en passant, afin qu'on ne vienne pas nous surprendre, et nous charger de Mémoires, dont ceux qui nous en chargeront ne puissent répondre en leur propre et privé nom ; sur quoy nous avertissons que deux freres sont pourvüs de trois Benefices situez à cinquante lieues de Paris ou environ, l'un desquels est une Chanoinie de sept à huit cens livres de rente et les deux autres sont deux petits Benefices simples de deux cens livres de revenu. Si quelqu'un desire en permuter d'autres avec eux proche de Paris, d'Orléans ou de Chartres, où sont la pluspart de leurs habitudes ; il n'aura qu'à s'adresser à nous, et nous luy marquerons celuy qui a toute la direction de cette affaire tres seure et qui merite que l'on y pense.

AVIS DE TRÈS-GRANDE IMPORTANCE, TOUCHANT UNE PERTE
NOTABLE RETROUVÉE

Du Dimanche 20 Septembre. *On est adverty*

qu'un pacquet remply de papiers de la derniere
importance: qui appartient à Monsieur l'Abbé de
Velly, ci-devant Abbé de Clerat en Gascogne, et
qui fut perdu par son homme d'affaires le Ven-
dredy quinzième jour de May passé de cette pré-
sente année, est heureusement retrouvé par un
homme, qui ne sçachant pas lire, l'a gardé long-
temps, sans sçavoir à qui il appartenoit : Et
comme on a promis six Loüis par le Billet qui fut
affiché par tout Paris pour le réclamer ; on exhorte
la personne qui les a promis à nous en faire les
dépositaires, et nous donner en mesme temps un
mémoire des pièces contenuës dans le pacquet,
afin que tout soit fidelement rendu, l'argent à qui
l'a justement merité, et les papiers à qui ils ap-
partiennent. Si quelques uns de ceux qui font lec-
ture de nos Cahiers, connoissent celuy qui a le
principal interest à cette affaire, telle que l'on ne
la peut retirer des Greffes pour plus de mille
écus, on les supplie de luy indiquer nostre Bureau
d'Adresse, où l'on le guerira du chagrin dont il
est accablé sans doute depuis quatre mois.

PERTE PRÉJUDICIABLE AUX PAUVRES

Une personne de piété perdit, il y a dix jours
dans l'Eglise de Saint Barthelemy une bourse qui
renfermait dix Louys d'or : Comme cette somme
estoit destinée pour en secourir de pauvres fa-
milles ; et que l'on craint qu'elle ne soit tombée
dans les mains de quelqu'un qui n'en ait pas

*besoin ; on supplie ceux qui l'auront trouvée ou
qui en donneront des nouvelles certaines de vou-
loir bien les déferer au Bureau, et l'on promet à
quiconque fera cette restitution chrestienne de le
reconnoistre fort honnestement.*

Du Lundy 21 Septembre. *Une personne qui
receuille du vin du meilleur crû qui soit autour de
Paris, en a dix muids de nouveau à vendre, qu'il
donnera au prix de vingt-quatre écus le muid : Si
quelqu'un desire en faire provision, il ne peut en
trouver de plus naturel, ny de mieux encuvé ; et
nous luy indiquerons la personne au Bureau, qui
sera d'honneste et facile accommodement.*

*Il s'en presente une autre qui demande douze
mil livres argent comptant, et ce pour faire
bastir à quelques lieuës de Paris un corps
d'Hostel sur son propre heritage afin d'y établir
une Communauté ; Elle a pour seureté de cette
somme, outre ce bastiment qui sera hypothequé,
plus de quarante mille livres de bien proche de
Paris, qui consiste en grande et magnifique maison, accompagnée de prez, de terres labourables
et de quantité de bonnes vignes ; elle fera voir
tous ses contracts d'achapts et d'échange ; et ne
doit sur tout ce bien que mille écus, qu'elle payera
sur ladite somme empruntée. Si quelqu'un preste
l'oreille à cette affaire fort bonne et fort seure,
il n'aura qu'à nous consulter, et nous tâcherons de
luy en donner toutes les instructions nécessaires.*

10

Du Mardy 22 Septembre. *Un honnéste homme,*
Bourgeois de Paris, qui ne fait ny mestier ny
marchandise de remedes, fait sçavoir que ceux
qui seront malades du Flux de sang, ou Dissente-
rie n'auront qu'à s'adresser à luy, et il se promet
avec l'ayde de Dieu de les guérir, sans aucun
motif d'interest, par une composition fort inno-
cente qu'il fait luy-mesme, et qui est un secret de
famille. Si l'on en a besoin, on n'aura qu'à venir
au Bureau, et nous apprendrons son nom et sa
demeure.

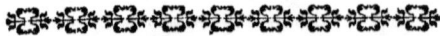

LIVRES NOUVEAUX

dont on a apporté les titres ou les mémoires
au Bureau d'adresse

L'Homme d'Oraison, sa conduite dans les Voyes de Dieu, ses Retraites annuelles, et ses Méditations et Entretiens toute l'Année. Par le R. P. Nouët de la Compagnie de Jesus *; chez François Muguet, Imprimeur de l'Archevesché, ruë de la Harpe, à l'Adoration des Trois Roys.*

On nous a communiqué le mémoire d'un Livre fort curieux et de tres grande utilité pour les Prédicateurs, intitulé l'Histoire chronologique, pour la verité de S. Denis Areopagite, Apostre de France, et premier Evesque de la Ville de Paris, déduite de siecle en siecle depuis les Apostres jusqu'à nous : par le R. P. F. Doublet, Religieux de l'Abbaye de Saint-Denis en France ; Il se vend chez de Bresche, relié en veau, cent sols.

L'Epouse au Desert, ou Meditations pour les Retraites annuelles des Religieuses, tant pour celles de huit et dix jours que pour celles d'un jour, qui se fait tous les mois, avec un exercice de preparation pour la renovation des Vœux, et huit Meditations sur la Magdelaine, pour leur

*servir de Modele, par M. Cordelier, Docteur de
Sorbonne ; Ce livre in 12 couste en veau 40 sols,
et 30 en parchemin. Chez le mesme de Bresche,
rue S. Jacques, proche la Fontaine Saint-Benoist.*

*Le Livre d'Airs spirituels de Monsieur de
Bacilly, regravé de nouveau, beaucoup mieux
qu'il n'estoit auparavant ; Il se vend au Palais,
chez Guillaume de Luynes, et chez l'Auteur, au
cul de sac de la rue Saint-Sauveur, environ la
quatrieme maison.*

On continuëra tous les jeudis, à donner au public
les journaux des avis et des affaires publiques, dans
le bureau d'adresse, estably chez le sieur Colletet,
ruë du Meurier, proche Saint-Nicolas du Chardonnet ; et l'on distribuëra tous les jours dans le
dit Bureau tout ce qu'il y a de Cahiers depuis son
Establissement, qui tous ensemble contiennent une
suite curieuse et nécessaire. Les jours pour recevoir les Avis et Mémoires, Affiches, Billets, Ventes,
Achapts, Pertes, Secrets, etc. sont les Lundy, Mercredy et Vendredy l'apresdinée, depuis une heure
jusqu'à six heures du soir, et l'on taschera de satis-
aire ceux qui nous honoreront de leurs visites.

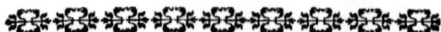

DIXIÈME

JOURNAL

ET SUITE DES AVIS

ET DES AFFAIRES

DE PARIS

Contenant ce qui s'y passe toute la Semaine de plus considérable pour le bien Public.

Quelque dessein que nous ayons fait de borner toujours nostre mastière dans l'espace de deux Cahiers, si est-ce que nous n'avons pù cette se maine nous y renfermer, ou bien il auroit fallu de-sobliger une partie de ceux qui nous ont fait part de leurs Avis et de leurs Memoires, en les remet-tant à la suivante; remise qui auroit rendu les choses trop hors de saison, et conséquemment inu-tiles ; ce sont des rencontres qu'on ne peut éviter, et dont nous ne sommes pas les Maistres, puis qu'ayant affaire au Public, il faut recevoir tout ce qui vient de luy, pour le renvoyer à luy-mesme, comme les Fleuves qui sortent de la Mer, n'en sortent que pour s'y rendre ; après avoir arrousé

toute la Terre, et nourry par leur fécondité tant
de Creatures dont elle est remplie.

Nouvelle Ordonnance.

De Monsieur le Prevost de Paris ; ou Monsieur
Son Lieutenant de Police, en datte du 25 septembre de la présente année 1676, portant qu'il sera
informé à sa requeste de l'Impression, vente et
débit d'un Livre intitulé, *L'idée du conclave présent*, imprimé à Amsterdam chez François du Bois,
sans aucune authorité, examen ny approbation,
comme estant d'une dangereuse conséquence, avec
défense à tous les Libraires, Imprimeur et autres
de l'imprimer, vendre et débiter, sous les peines
portées par les Ordonnances : Enjoint cependant
de mettre incessamment les exemplaires dudit
Livre au Greffe, pour y estre supprimez, et n'en
garder aucun sous les mesmes peines.

*Memoire des Marchandises que Messieurs les
Directeurs généraux de la Compagnie des Indes
Orientales vendront à Roüen sur la fin de Sep-
tembre, et autres jours suivans communiqué au
Bureau d'Adresse.*

Toilles.

28510. Pièces Doury fins et
    communs.
3910 P. Percales.
2400 P. dites demy blanches.
3157 P. Salemporis.
11676 P. Betilles.
1010 P. dites Crües,
2660 P. Barams.
4900 P. Kériabadis.
1307 P. Mamoudis.
14220 P. Dariabadis.
5900 P. Baffetas.
2821 P. Cassas de Bengale.
480 P. Macquenia.
5962 P. Chitres Seronge.
16207 P. dites d'Amadabar.

Autres Marchandises.	ses sortes.
23o Couvertures Chittes.	14500 L. Indigo cambaye.
3510 Tapis Chittes Palam-	23250 L. Indigo Cambour.
poux.	18750 L. dit Cambour moindre
3 Tapis de Perse	5700 L. Gomme armoniaque.
28 Tapis de Soye brodez	10600 L. d'Encens.
or et argent.	6800 L. Cire à cacheter.
56000 Livres Fil de cotton.	23000 L. Terre rouge.
22800 L. Terra Mérita.	3oo Onces ou environ de
145000 L. Salpestre.	musc.
163000 L. Poivre noir.	7200 Lac Dana.
27500 L. Indigo Guita diver-	1350 L. Mangalep.

Avis favorable aux Etrangers.

Un honneste homme intelligent dans la langue
Françoise, et assez connu à Paris par les petits
Ouvrages instructifs qu'il a donnez au Public de
temps en temps sur cette matière, offre son Etude
et ses soins aux Nobles Etrangers, qui desireront
se servir de luy pour l'apprendre : Il leur expliquera
les termes les plus difficiles de cette Langue, les
fera composer, et avec le secours du Latin il les
rendra capables, comme il a eu l'honneur d'en
rendre plusieurs, d'écrire en François, ou des
lettres missives ou de petits Discours familiers pour
la conversation : On sçaura le nom et la demeure
de cette personne au Bureau d'Adresse.

Avis touchant les journaux.

On donne avis aux curieux et gens d'intrigues,

que les derniers journaux particulièrement contiennent quantité de bonnes affaires, qui ne peuvent produire que de bons effets, à l'endroit de ceux qui desireront en prendre connaissance, et comme ils ne peuvent s'en éclaircir qu'en les lisant, ils en trouveront toujours au Bureau, et pourront demander ceux qui leur manqueront, pour rendre leur Recüeil entier et parfait, et pour qu'ils sachent tout ce qui s'y est passé et ce qui s'y doit passer la semaine.

Aux Ames pieuses.

Dimanche prochain 4ᵉ octobre, on celebrera la Feste du grand Père Seraphique Saint François, aux Cordeliers du Grand Couvent ; le R. P. d'Epinay, Prestre de l'Oratoire y doit faire le Panegyrique ; et l'on ne doute pas que le merite de cet excellent Predicateur n'attire le monde en foule dans ce lieu sacré, où d'ailleurs le Service Divin se fait avec tant de pieté et de modestie.

Le mesme jour on solemnisera en l'Eglise des RR. PP. Jacobins de la rue S. Jacques, la Feste de l'Institution du Rosaire où le Réverend Père Torrentier Prestre de l'Oratoire doit prescher.

Leçons Publiques.

Lundy prochain 5ᵉ Octobre se fera l'ouverture

des classes d'Humanitez et de Philosophie, dans l'Université de Paris.

Mort considerable.

Samedy 24 septembre deceda Monsieur du Mets, Docteur de Sorbonne, et grand maistre du College du cardinal le Moyne; personnage de Science et de probité, qui fut inhumé le jour suivant dans la Chapelle Paroissiale de ce mesme College.

Maisons en criée publiées.

Une sixième part et portion d'une maison à porte cochere, size dans la Ville de Paris, ruë de Poitou, au Marais du Temple, Paroisse Saint Nicolas des Champs ; saisie reellement à la requeste d'un Bourgeois de Paris, curateur creé par Justice au déguerpissement de la dite part et portion de maison ; ladite criée se poursuit aux Requestes du Palais, par M⁺ Toussaints Mayart Procureur en la Cour, demeurant rue de la Verrerie, Paroisse Saint-Jean en Grève. Publiée à Saint-Barthelemy le 27 Septembre 1676 .

Remise d'adjudication par décret à la Saint-Martin prochain, poursuivie en l'audience des Requestes du Palais par Maistre Claude de Recicourt, Procureur de la Cour et des Dames Reli-

gieuses de Nostre Dame de la Conception, trans-
férées de la Ville de Lagny à Conflans lez Charenton, d'une maison size aux Carrières, Paroisse de
Saint-Pierre du dit Conflans, consistante en deux
corps de logis et autres appartenances, leuë et
publiée au Prosne de la Paroisse les jours et an
que dessus.

AVIS & AFFAIRES

DE LA SEMAINE

Apportez au Bureau d'Adresse du sieur Colletet,
pour en informer le Public

Du Mercredy 23 Septembre 1676. *Un honneste
homme qui s'est acquis plusieurs amis dans les
Provinces, et qui s'entretient agreablement par
lettres avec eux de temps en temps, donne avis à
Nosseigneurs les Princes et Princesses, grands de
la Cour, et autres personnes les plus qualifiées de
cette Ville, qu'il est assuré d'un homme a la campagne, lequel promet fournir par chacune semaine, ou de quinze en quinze jours, autant de
Gelinottes de bois, bonnes et fraisches, et en telle
quantité qu'il plaira à ceux qui souhaitteront d'en
voir leur table fournie, pourvû que l'on luy fasse
sçavoir le nombre reglé qu'il en faudra pour
l'ordinaire, ou pour le surcroist des Regales qui
se font dans l'Hyver. Cet offre n'est point désa-
vantageux, et l'on sçaura dans nostre Bureau à
qui l'on doit s'adresser, et qu'elles sont ces personnes à qui le Public sera obligé de cette nouvelle abondance.*
Du Jeudy 24 Septembre. *Nous sçavons une mai-*

*son fort propre, et plus belle sans doute que la
peinture qui s'en pourroit faire icy, puisque c'est
une personne qui avoit du bien qui l'a fait bâtir à
son plaisir : Elle est située à une lieuë et demie de
Paris, dans l'une des belles veuës qu'il y ait
autour de cette grande Ville : Elle consiste en deux
corps de logis separez par une belle court pavée ;
l'un des deux contient une grande sale et cuisine
de plain-pied, deux chambres au-dessus, et anti-
chambres peintes et boisées avec plat-fonds et
alcove, et les greniers fort spacieux et commodes.
A costé de ce logement est une court, un pressoir
banal de revenu, une écurie à loger six ou huit
chevaux. Item, une place dépendante dudit pressoir, où sont quatre ou cinq cuves, que l'on loue
pareillement. L'autre logis comprend une cuisine
par bas, cave et celier, chambre et anti-chambre
de plain-pied au premier étage et autant au
second, mais belles, claires et bien enjolivées de
cheminées et de plat-fons, l'escalier garny de fer
et treilles bien travaillez. Item, deux arpents ou
environ de jardin, remply de bons arbres fruitiers de toutes les saisons, orné d'un parterre de
fleurs, d'une etoille plantée depuis trois ans, qui
commence à profiter, d'une treille qui rend beaucoup de raisin ; et l'on donnera quelque arpent de
terre et de vigne aussi, affin que ladite maison ne
soit pas moins agreable qu'utile à son Maistre.*

    *On sçait une Office de Sergent-Royal Audian-
cier de la Prevosté et Mareschaussée de Chas-*

*teaudun qui donne pouvoir d'exploiter partout,
et d'entreprendre de bonnes affaires lucratives.
Si l'on s'adresse à nous pour cet effet, nous ferons
nos efforts, afin qu'elle soit donnée à bon marché,
avec toutes les pieces nécessaires pour en asseurer
la possession.*

Du Vendredi 25 Septembre. *Un honneste homme
qui a beaucoup de capacité dans les Lettres
Humaines, et qui en a mesme les premiers
Degrez, donne avis qu'il a une methode toute
particuliere pour montrer les principes du Latin
à la Jeunesse ; de sorte qu'en fort peu de temps,
il la rendra capable de composer et traduire les
meilleurs Auteurs, comme il l'a déjà fait voir à
l'endroit de quelques uns, qui pourront en temps
et lieu rendre un fidele témoignage de cette
vérité. Nous indiquerons sa demeure dans nostre
Bureau d'Adresse.*

*On nous demande quelques Offices de Judica-
ture à achepter, comme d'Huissiers à la Cour,
des Requestes du Palais, des Enquestes, de la
Cour des Aydes, ou d'Huissier Audiancier du
Chastelet ancien de Paris. Si quelqu'un en donne
avis, nous trouverons des personnes qui s'en pour-
voiront, pourvû que l'on en veüille faire un prix
raisonnable.*

*On sçait un grand Crucifix à vendre, qui seroit
fort propre dans la Chapelle de quelque nouveau
Monastere, College ou Communauté ; le Christ*

*est grand comme un enfant de deux ou trois ans,
et le bois haut à proportion : On le fera donner à
bon compte par le particulier qui s'en veut
défaire.*

*Comme en matieres de Luths les plus vieux sont
les meilleurs, puisqu'ils rendent une plus douce
harmonie, quand ils sont bien montez. Nous en
sçavons un de cette nature à vendre, que le bon
marché pourra faire achepter ; et l'on en retirera
toujours bien son argent, quand il aura servy
long-temps.*

*Si quelque Beneficier chargé d'années désire
résigner son Benefice à quelque honneste homme
de bonne mœurs, de famille pieuse, et qui s'ap-
plique sérieusement à l'Estude de la Theologie,
pour se rendre digne du caractere qu'il doit porter un jour, on en sçait un qui s'acquittera honnestement de ce Saint Ministere, et qui luy fera
pension, conformement aux Sacrez Canons et
Constitutions de l'Eglise, soit que le Benefice soit
simple ou non.*

*Du Samedy 26 Septembre. Nous sçavons une
grande maison à vendre dans l'un des beaux
quartiers de Paris, sur la Paroisse de Saint
Eustache, qui est loüée présentement la somme de
douze cens livres bien payée : Elle consiste en
deux belles boutiques separées d'une allée, court
derriere, bon puits, cave et trois caveaux ; l'une
de ces deux boutiques est accompagnée de deux*

*sales, et l'autre d'une seulement. Au-dessus sont
trois grands estages de trois chambres de plain-
pied, chacune avec leur cheminée, et le cinquième
qui est lambrissé n'en comprend qu'une ; de sorte
que le tout compose seize feux fort commodes et
fort logeables ; l'achapt en est fort bon et fort
seur, et l'on ne peut mieux mettre son argent,
puisqu'on est asseuré de douze cens livres de revenu, et que c'est le propre d'une veuve, qui seule
dispose de cet heritage.*

Du Dimanche 27 Septembre. *On donne avis à
ceux qui sont affligez des Ecrouelles, de quelque
condition qu'ils soient, car les maux n'épargnent
personne, qu'un homme de qualité à qui Dieu a
donné un secret si particulier, que jusques à present il n'a esté connu d'aucun autre, les guerira
parfaitement ; et comme on pourroit douter de
l'infaillibilité de son remede ; il s'offre pour lever
tout scrupule de l'appliquer gratuitement sur un
mandiant travaillé de cette maladie, après la gué-
rison duquel il ne doute point qu'on n'adjoûte foy
à ses paroles. Son merite et son caractère qui
l'élèvent au-dessus du commum, doivent déjà donner beaucoup d'asseurance à ceux qui voudront se
mettre entre ses mains ; puisque d'ailleurs c'est
moins l'interest que la charité qui luy fait offrir
son secours au public. Sa demeure s'apprendra
dans nostre Bureau d'adresse.*

Du Lundy 28 Septembre. *Une personne qui a*

*plus de soixante mille livres de bien, et qui a fait
achapt il y a longtemps d'une place considérable,
où l'on peut élever dix ou douze bastiments de
front demande treize ou quatorze mille livres,
dont il fera rente, afin de les employer avec ce
qu'il peut avoir encore d'argent, à faire bastir
lesdites maisons qui rapporteront beaucoup plus
que l'interest, veu qu'elles seront parfaitement
bien situées ; Tout son bien et les corps de logis
qu'il prétend faire seront hypothequez pour seureté de ladite somme; et tout ce qu'il propose pour
plus d'asseurance s'apprendra dans le Bureau, si
quelqu'un se présente pour écouter ladite proposition.*

Du Mardy 29 Septembre. ***Un** honneste homme
s'offre charitablement de soulager les Pauvres
infirmes sans interests, par de petits remedes
innocens et fort naturels que l'expérience Mais-
tresse de toutes choses luy a apprises, et par des
unguents souverains qu'il fait luy-mesme, qui
guerissent plusieurs playes, et qui souvent devien-
nent incurables, faute que le peuple réduit dans la
derniere misere, n'a pas de quoy se faire penser.
Si quelqu'un dans son besoin s'adresse à nous,
nous luy enseignerons la demeure de cette personne particulière, si charitable et si desinteres-
sée.*

LIVRES NOUVEAUX

dont on a apporté les titres ou les mémoires
au Bureau d'adresse

Les six Traitez Doctrinaux, sçavoir un de la Grace et du libre arbitre. 2ᵉ, des Erreurs de Pierre Abelard. 3ᵉ, des questions proposées par Hugues de Saint-Victor. 4ᵉ, des mœurs et du devoir des Evesques. 5ᵉ, apologie de la vie et mœurs des Religieux. 6ᵉ, du precepte et dispense; ces Traitez en un seul vol. in 8° valent en veau 3 liv.

Traité de la considération de Saint Bernard, adressé au Pape Eugene, traduction nouvelle du Reverend Pere Dom Antoine de Saint Gabriel Feüillant. Il est in-8° et se vend quarante sols.

Les Lettres du mesme Saint-Bernard, au nombre de quatre cens, divisées en quatre volumes in 8°, qui se vendent huit livres, et qui sont de la traduction du mesme Reverend Pere Feüillant.

Instructions spirituelles adressées aux bonnes Ames, pour se bien gouverner dans la tentation et dans l'affliction, avec une Meditation pieuse sur l'Enfance de Jésus-Christ, et sur la grandeur de Dieu. Ce volume in-12 est de vingt-cinq sols; et tous ces Livres se vendent chez Jacques de Laize-

11

de-Bresche, ruë Saint Jacques proche la Fontaine
Saint-Benoist, à l'image Saint Joseph.

  La Balance du Temps et de l'Eternité, ou bien
la différence qu'il y a entre le Temps et l'Eter-
nité, œuvre du Pere Jean Eusebe Niéremberg de
la Compagnie de Jésus ; *mis d'Espagnol en Ita-*
lien par un Religieux de la mesme Compagnie :
et depuis traduit d'Italien en François, par le
Pere René Esturmy de Villecœur, de l'Ordre des
Freres Prescheurs du Convent de Saint Domini-
que de Laval ; Ouvrage utile aux Predicateurs et
*aux Missionnaires ; Ce volume in-*12 *imprimé au*
Mans, se vend 25 *francs relié en veau chez Claude*
Herissant, Marchand Libraire, ruë neuve Nostre-
Dame, à la Croix d'Or.

  Autre Livre d'un excellent Professeur de l'U-
niversité, nécessaire aux Philosophes, intitulé,

Nova et secunda Editio cursus Philoso-
phici Magistri Petri Barbœi celeberrimi quon-
dam in Academia Parisiensi Philosophiæ
Professoris, ab infinitis erroribus accuratè
expurgata, pluribus locis qui deerant, ex
ipsius Aucthoris scripto desumptis, aucta,
schematisque Philosophicis adornata. *Cet*
*ouvrage divisé en six volumes in-*12 *se vend*
relié en veau 3 liv. chez Georges Frosse,
rue Saint-Jacques à la couronne d'Epines.

*Autre Livre intitulé le Dominical des Pasteurs
de Monsieur Caignet, in-4°, seconde Édition, qui
se vend en un seul vol. Six livres chez le mesme
Georges Fosse, Marchand Libraire.*

*Le Panegyirque des Saints de Monsieur Gam-
bart, Prestre-Missionnaire en quatre tomes, se
vendent chez Laize-de-Bresche six livres en veau,
et cent sols en parchemin. Le mesme vend encore
les Lettres spirituelles, qui contiennent divers
avis pour les Vertus et pour les Retraites, un écu
relié en veau.*

Changement de demeure.

Je suis obligé d'avertir le Public, pour lequel je
me consacre dans ce travail penible des affaires de
Paris, que pour luy épargner beaucoup de peine
et de pas, conformement à son intention, je me
suis approché du Palais, où sera estably le Bureau
d'Adresse pour lesdits Avis et Affaires; sçavoir sur
le Quay de l'Horloge du mesme Palais, autrement
dit des Morfondus, qui regarde celuy de la Megisserie, et qui aboutit d'un bout au Cheval de
Bronze, et de l'autre à la rue de Harlay, contre
un notaire qui fait le coin de ladite ruë, à l'enseigne
du Roy d'Angleterre. Les affiches marqueront la
porte.

Les jours pour recevoir les Avis et Mémoires,

Affiches, Ventes, Achapts, Pertes, Secrets, etc.,
sont les Lundy, Mercredy et Vendredy l'apresdînée
depuis une jusqu'à six heures du soir; et l'on taschera de satisfaire ceux qui nous honnoreront de
leurs visites.

UNZIÈME

JOURNAL

ET SUITE DES AVIS

ET DES AFFAIRES

DE PARIS

*Contenant ce qui s'y passe toute la Semaine de plus
considérable pour le bien Public.*

L'embarras où nous nous trouvons par le chan-
gement de lieu que nous sommes obligez de faire
en faveur du Public, ne nous permettant pas de
nous engager dans un long discours, nous entre-
rons d'abord en matiere, et nous reserverons tout
ce que nous avons à dire touchant l'Etablissement
de nostre Bureau, et l'utilité qu'il doit apporter à la
Ville de Paris, lors que nous aurons plus de repos
d'esprit ; soit dans les premiers Cahiers que l'on
verra paraistre, soit dans quelque Discours particulier que tout le Monde nous demande, et que
nous ne sçaurions enfin luy refuser.

Perte importante.

Vendredy dernier deuxiéme Octobre, un sac remply de papiers de conséquence, étiqueté par Jean Cossart, Garde du Corps du Roy, fut perdu le matin dans l'Eglise S.Germain de l'Auxerrois. Quiconque l'aura trouvé pourra le faire sçavoir à notre Bureau d'Adresse, et l'on luy fera délivrer quatre écus blancs qui sont promis dans l'affiche.

Avis pieux aux Amateurs des belles Prédications.

Monsieur l'abbé de Manville preschera Dimanche prochain onziéme de ce mois aux RR. PP. Mathurins, à cause de la Confrairie de Nostre-Dame du Remede, qui sera célébrée dans cette Eglise.

Le mesme doit aussi prescher Vendredy prochain neufième de ce mois à Saint Denis de la Chartre, où l'on solemnisera la Feste de ce grand Apostre de la France ; Le Dimanche dans l'Octave le Révérend Père Rabineau, Jacobin du Grand Convent preschera, et le jour de l'octave Monsieur l'abbé Maindast, Chanoine de Vincennes.

L'Octave de ce mesme Apostre sera pareillement solemnisée en l'Eglise de l'Abbaye Royale de Montmartre, où de celebres Predicateurs prescheront toute la huitaine. Le premier jour ce sera Monsieur l'abbé de Saint-Martin.

Le 2. le R. P. Celse, Religieux Penitent de Nazareth.

Le 3. Monsieur le Curé de Vitry.

Le 4. Le R. P. Athanase, Religieux Carme des Billettes.

Le 5. Monsieur Vinot, Docteur et Principal du College Royal de Navarre.

Le 6. Monsieur Perceval, Vicaire de Saint Paul.

Le 7. Le R. P. Rocheblanche, Vicaire du Grand Convent des Cordeliers.

Le 8. et dernier jour Monsieur le Curé des Saints-Innocens.

Enchère d'Heritages.

On fait à sçavoir que le 14 jour d'Octobre prochain, en vertu de deux Sentences des Requestes du Palais, il sera procédé à la vente et adjudication, au plus offrant et dernier encherisseur, après trois publications à la maniere accoustumée, par devant Monsieur Maistre Claude Foucault, Conseiller du Roy en la Cour de Parlement, Commissaire aux Requestes du Palais, et en cette partie, de plusieurs heritages situez, les uns au village de Persan, près de Beaumont sur Oyse, et les autres en divers endroits, avec quelques rentes foncieres, dont, il y en a quelques unes de racheptables et bien asseurées.

Terres et Maisons en criée.

De par le Roy et Nosseigneurs des Requestes du Palais. On fait à sçavoir qu'au quarantieme jour

ordinaire des criées, et autres jours suivans, il sera
procédé aux Requestes du Palais à l'adjudication
sauf quinzaine, des Terres et Domaines de Provins,
consistants en Chastellenie, Maisons, Manoir, Bail-
liage, Prevosté, Justice et Seigneurie, cens et rentes,
tout bien et coustume, jardins, Fours banaux, Prez,
Estangs, Pasturages, herbages, Bois, Aubeines, et
tout ce qui dépend dudit Domaine, apres l'enchere
faite par Niccolas Mariette, Procureur de la Cour,
et la poursuivante ladite criée, qui a esté leuë et
publiée, à ce nul n'en pretende cause d'igno-
rance.

Nouvel ornement.

La dépense nouvelle de six balustrades de fer
que l'on a faite dans les hautes galleries du Chœur
de Nostre Dame de Paris, mérite bien que l'on en
fasse mention dans cette Histoire Journalière, puisqu'elle est pour l'utilité publique, et pour empescher aux jours des grandes assemblées, les accidens
qui pourroient arriver, par la chûte de ceux qui seroient spectateurs des Augustes ceremonies de
nostre Religion, qui se font avec tant d'ordre et
tant de piété dans cette Sainte Cathédrale.

AVIS & AFFAIRES

DE LA SEMAINE

Apportez au Bureau d'Adresse du sieur Colletet,
pour en informer le Public

Du Mercredy 31 et dernier Septembre 1676.
*Une personne est dans le dessein de vendre une
charge de Prevost-Lieutenant General, avec
celles qui y sont annexées et dépendantes, lesquelles on pourra faire exercer lorsqu'on les aura
acheptées par gens capables, ou que l'on pourra
vendre si l'on veut : Cette charge fort honorable
et fort lucrative, qui n'est pas éloignée de Paris
de seize ou dix-huit lieuës est du prix de vingt-
cinq mille écus.*

*Un galand homme, qui est en possession d'un
Benefice simple, de deux cents livres de rente,
voudrait avoir trouvé quelqu'un qui voulut faire
une permutation avec luy, soit à Paris, soit en
Normandie, et quiconque desirera traitter de
cette affaire, trouvera une personne aussi accommodante que civile. On n'aura qu'à s'adresser à
nous pour en avoir la connaissance.*

Du Jeudy premier jour d'Octobre 1676. — *S i
quelqu'un desire bien placer et asseurer une somme*

*de mille livres, un oncle la demande pour son
neveu, et cet oncle qui sera sa caution, hypothequera une Office qu'il a sur le Bois, qui est franche et quitte de toute charge generalement quel-
conque, et d'autres effets encore, qui seront un
surcroit de seureté pour celuy qui fera le prest
de ladite somme.*

*On nous demande quelques Charges dans la
Maison du Roy, comme dans la Bouche ou dans
les autres Offices il n'importe, pourveu que le prix
n'excede pas la raison, et que les frais de la reception n'en soient pas extraordinaires. Si quelqu'un
s'en veut défaire, il n'aura qu'à prendre la peine
de s'adresser à nous, et nous luy produirons des
personnes de qui sans doute il aura de la satisfaction.*

*Comme la Languè Espagnole est plus en règne
que jamais en France, et particulièrement à Paris,
nous sçavons presentement deux bons Maistres
fort intelligens pour l'apprendre, et qui s'acquitteront dignement de cet employ. Nous les indiquerons, dès qu'on nous fera l'honneur de nous consulter là-dessus.*

*Si quelqu'un las de son Office désire s'en
défaire, et se retirer pour vivre en repos, et l'é-
changer contre une maison dans Paris, loüée présentement trois cens cinquante livres, on s'en
accommodera, pourveu qu'il soit d'Ayde à Mouleur de Bois ou autre semblable; et si le prix de
l'Office excede celuy de la maison, on fera rente*

du reste; ce qui ne peut estre une mauvaise
affaire.

   On sçait une Communauté à deux petites lieuës
de Paris pour les Filles, où elles seront élevées
dans la piété et instruites dans les petits exercices
de la tapisserie et de la couture; et la Dame qui
en a la direction sera fort accommodante pour le
prix, selon l'âge de celles qui seront présentées.

   Du Vendredy 2 Octobre. — *Nous sçavons un*
particulier homme de Boutique, qui a un petit
bien de campagne à vendre à six petites lieuës de
Paris, du costé de Marcoussis, situé sur le pan-
chant d'une montagne, ayant pour perspective un
étang de plus de cinquante arpens d'étenduë, et
des Bois; il consiste en une maison couverte de
chaume, contenant deux espaces ou travées, où
pour peu de chose on peut faire une petite sale et
chambre dans l'une des deux, à costé il y a de
quoy faire une grange qu'il ne faut plus que cou-
vrir, les quatre murailles estant entieres: Il y a
une court au devant fermée de hayes vives: Ce
corps de logis est basty au milieu d'un jardin de
deux arpens, clos de hayes vives, d'ormes, saules,
et autres arbres de service, et planté de bons
arbres fruitiers qui s'y plaisent: La maison doit
une rente de six livres racheptable à une Abbaye,
et trois livres à la Paroisse, pareillement rache-
ptable: Elle a toujours esté loüée vingt-deux ou
vingt-trois livres, et on en paye presentement neuf

livres dix sols de rente: Nous la ferons donner
pour soixante écus, si nous sommes consultez dans
cette affaire, qui seroit fort propre pour un petit
bourgeois de Paris.

Comme il y a des gens qui se plaisent dans la
sollicitation des affaires, et qui en acheptent mesmes
quand les leurs sont finies de peur de languir dans
l'oysiveté, et pour y gagner leurs peines : Nous
leur donnons avis, notammant si ce sont des Huis-
siers qui fassent des courses à la campagne, que
nous leur ferons vendre à bon compte divers billets,
cedules et promesses, dont ils pourront faire leur
profit, de plusieurs particuliers encore vivans,
deubs pour nourriture, logement et entretien, au
payement de quoy plusieurs desdits particuliers
sont condamnez par sentence des Consuls: Le
premier, est de vingt-cinq livres avec interests et
dépens : Le second, de trente-sept livres par sen-
tence et condamnations par corps et emprisonne-
ment : Le troisième de vingt livres par obligation :
Le quatrième, de douze livres par promesse : Le
cinquième, de vingt livres quatorze sols par pro-
messe : Le sixième, de vingt livres par promesse :
le septième, de quatre-vingts livres par obligation
passée pardevant Notaires : Le huitième, de cent
livres par obligation : Le neufième, de onze livres
par promesse : Le dixième, de dix livres par pro-
messe encore ; le tout fait la somme de trois cens
trente six livres : Un autre doit encore la somme

*de cent-quatre-vingt livres, tant pour nourriture
que pour logement.*

Du Samedy 3 Octobre. *Nous sçavons une
Office de Courtier de Vin à vendre ; elle rapporte
sept cens livres de rente, et l'on ne travaille que
par semestre, c'est-à-dire six mois de l'année, les
autres six mois sont payez sur la Bourse commune ;* **On** *en fera une fort honneste composition,
et l'on pourra s'adresser en nostre Bureau pour
cette affaire.*

Du Dimanche 4 Octobre. *On propose un
billet de change de la somme de deux cens cinquante livres, payable à un particulier, ou à celuy
qui aura ordre de luy, au mois de Février prochain, ladite somme est pour valeur receuë, et
celuy qui la doit est bon et solvable : Il y a un
endossement sur ledit billet de trois pistoles ; et
celuy qui s'en veut accommoder fera une remise
honneste. Ceux qui auront une vingtaine de Loüis
à faire profiter, seront peut-estre bien aises de
cette rencontre favorable, pour laquelle ils s'addresseront à nous.*

Du Lundy 5 Octobre. *On sait un petit corps
de logis à vendre dans un des Fauxbourgs de
Paris, situé en belle veuë, qui consiste en une
court et petit jardin, belle boutique et sale, quatre
chambres, le tout à cheminées, et un grenier qui*

règne sur tous tout le bastiment ; c'est le propre d'une femme, qui est fort seur, et duquel on fera une fort honneste composition.

Du Mardy 6 Octobre. *On sçait un Benefice Cure de trois cens cinquante livres de revenu ou environ ; Il est situé dans l'Evesché de Beauvais, à deux ou trois lieuës de Clermont, et distant de Paris de dix-sept ou dix-huit lieuës, le Presbytere est accompagné d'un jardin raisonnable, et de trois quartiers de vignes enclos et contigus audit jardin. Si quelqu'un de Picardie en a quelqu'un autour de Paris qu'il veule permuter, pour retourner vers sa patrie, il sera fort aisé de s'accommoder avec celuy qui s'en veut défaire.*

On sçait une Bourgeoise qui a une demy douzaine de Chaises de roses et un fauteüil à vendre, des plus belles et des mieux nuancées qu'il y ait à Paris, et qui sortent de dessous l'éguille. Item six autres de point d'Angleterre avec le fauteüil, pour lesquelles on pourra s'adresser à nostre Bureau, où l'on fera voir les échantillons, et où l'on sçaura le prix des unes et des autres.

LIVRES NOUVEAUX

dont on a apporté les titres au Bureau d'Adresse.

Les Métamorphoses d'Ovide en Rondeaux, imprimez et enrichis de figures par ordre de sa Majesté, dediez à Monseigneur le Daufin, par Monsieur de Benserade à Paris de l'Imprimerie Royale, et se vendent chez Sebastien Mabre-Cramoisy, Directeur de la dite Imprimerie Royale. Ce livre est in 4°.

Autre livre intitulé : Rhetorices Compendiosa expositio ex celeberrimis Oratoribus in 14. Tabulas Ære incisas ordine pellucido distributa, ad illustrissimum Ecclesiæ Principem Franciscum Harlæum Parisiensium Archiepiscopum Regiorum ordinum Commendatorem Sorbonæ Provisorem, &c. *Ce livre in 4° se vend chez Guillaume de Luynes au Palais, 3 liv. 5 sols.*

Motifs de la Conversion à la Foy Catholique du sieur Breguet, cy devant Ministre de la Religion Pretenduë Reformée ; c'est un vol. in 12, qui se vend 20 s. chez François Muguet, Imprimeur du

Roy et de Monseigneur l'Archevesque, ruë de la Harpe.

La Journée Chrestienne, où les principaux devoirs qu'une ame fidele doit rendre à Dieu sont ex-
pliquez par voye de priere, Par le R. P. Amelotte
de l'Oratoire, Docteur en Theologie, nouvelle édition, corrigée et augmentée. Ce vol. in 18 vaut 20 s.
et se vend chez le mesme François Muguet.

Changement de demeure.

Je suis obligé d'avertir le public, pour lequel je
me consacre dans ce travail penible des affaires de
Paris, que pour luy épargner beaucoup de peine et
de pas, conformement à son intention, je me suis
approché du Palais, où sera estably le Bureau d'A-
dresse pour lesdits Avis et Affaires; sçavoir sur le
Quay de l'Horloge du mesme Palais, autrement dit
des Morfondus, qui regarde celuy de la Megisserie,
et qui aboutit d'un bout au cheval de Bronze, et de
l'autre à la ruë de Harlay, contre un Notaire qui
fait le coin de ladite ruë, à l'enseigne du Roi d'Angleterre. Les affiches marqueront la porte.

∗∗∗∗∗∗∗∗∗

DOUZIÈME

JOURNAL
ET SUITE DES AVIS
ET DES AFFAIRES

DE PARIS

Contenant ce qui s'y passe toute la semaine de plus considérable pour le bien Public.

Comme la plus grande partie des Provinces est bien aise de sçavoir ce qui se passe à Paris, non seulement pour ce qui concerne les affaires publiques, mais mesme pour ce qui regarde les Sciences et les Arts, et ceux qui les enseignent publiquement ou en particulier; il nous semble que nous ne devons pas manquer de luy faire part des noms illustres de ceux qui doivent entrer cette année dans la penible carriere des belles Lettres, et qui fleurissent dans le sein de cette mere commune; où nous avons puisé quelques lumieres d'esprit; je veux dire dans nostre celebre Université de Paris; soit dans la Sacree Theologie et dans la Science du Droit Civil et Canonique, soit dans la Philosophie et dans les lettres Humaines. Nos Cahiers qui ont le bonheur de voler par tout, feront en cette occa-

12

sion ce que tant d'affiches ne peuvent faire, puisqu'ils soliciteront les jeunes gens des pays les plus
éloignez de se tenir prests dans un mois, pour estre
les Disciples de tant d'excellens Maistres, afin que
s'estant formé le genie sous la conduite de ces
grands Hommes, ils puissent estre à leur tour les
lumieres de leurs Provinces. Nous commencerons
donc aujourd'huy nostre Histoire journaliere par
les Memoires de l'Université, qui nous ont esté
communiquez, puisque les affaires de l'esprit estant
des plus nobles, elles doivent preceder les autres,
qui n'ont pour objet que l'etablissement de la fortune.

Maison de Sorbonne.

Les Leçons de Theologie commenceront le Lundy
dix-neuf Octobre de cette presente année 1676. A
sept heures du matin Monsieur Lestocq traitera de
la Penitence, des Vertus et des Sacremens. A huit
heures et demie M. Desperriers, parlera de l'unité
de Dieu et de ses Attributs : A dix heures Monsieur Boucher, fera la leçon des Contracts et de ses
especes, sçavoir des achapts et des ventes, de l'u-
sure, et de divers autres traitez curieux : A une
heure apres midy, Monsieur Pirot s'etendra particulièrement sur les grandeurs de l'Eglise, et sur
son infaillibilité : A deux heures Monsieur Gran-
din, expliquera le Livre de Job, et decouvrira à
ses auditeurs mille sources fecondes de preceptes

pour la conduite des mœurs qui y sont cachées;
à trois heures Monsieur Boust, donnera le Traité
de la tres sainte Trinité et des Anges.

Les Ecoles de Droit.

Ouvriront le Mardy 20 Octobre de cette mesme
année. A huit heures du matin Monsieur Doujat,
Doyen des Professeurs du Roy, expliquera les Titres *de Parochiis et de Regularibus*: A neuf heures
Monsieur Cugnet, *Imperatoris Justiniani Institu-
tiones enucleabit*: A dix heures Monsieur Bodin,
Paratilla Digestorum tradet: A une heure apres
midy Monsieur de Melles, *Tradet quoque Institu-
tiones Juris sacri, etc. initia, progressum et partes
Juris Canonici, ut ipse dicit, per modum apparatus
præmittet*: A deux heures Monsieur Halley, Professeur du Roy, dictera les Titres *de Institutionibus,
de concessione Præbendæ, ut Ecclesiastica Benefi-
cia, etc. Decretalium, et sexti Decretatium, et
ad eos de Beneficiis Tractorum*: A trois heures,
Monsieur de Loy, syndic des Professeurs, s'atta-
chera aux Decrets de Gratian, et aux Decretales de
Gregoire IX. *Totum etiam sponsaliorum et Matri-
moniorum matieriam, illorum conditiones ac im-
pedimenta exponet.*

L'Université.

Les Colleges où se font les Exercices de Philo-

sophie et d'Humanitez, ont pareillement fait afficher, et ces affiches apprennent les Auteurs que
Messieurs les Professeurs doivent enseigner dans
les Classes : On les trouvera chez la veuve Thi-
boust, qui les distribuë vis à vis le College de Cam-
bray ou des trois Evesques.

Pieté.

Le quinziéme de ce mois, la Feste de Sainte Thé-
rese sera solemnisée en l'Eglise des Religieuses
Carmelites du Fauxbourg Saint Jacques, où le Reverend Pere Jean Damacesne, Religieux Recollect
doit prescher. La mesme Feste se celebrera aussi
le mesme jour aux Reverends Peres Carmes Des-
chaussez du Fauxbourg Saint Germain où le Reverend Pere Verville Jesuiste fera la Predication sur
les trois heures.

Perte fâcheuse.

Un pauvre Rubannier a perdu un Porte-feuille
remply de papiers de consequence et d'affaires, le
Jeudy huitiéme Octobre, depuis le Palais jusqu'à
la ruë Troussevache. Si quelqu'un le trouve, ou en
sçait quelque nouvelle, on le pric charitablement
de nous en avertir, et on luy en témoignera sa gra-
titude.

Avis aux Estrangers.

Nous donnons avis à ceux qui desireront apprendre la Langue Françoise en peu de temps, que
nous avons un honneste homme en main, qui s'acquittera dignement de cette fonction par des regles faciles, et par la lecture qu'il fera faire des
meilleurs Auteurs de cette Langue.

AVIS & AFFAIRES

DE LA SEMAINE

Apportez au Bureau du sieur Colletet, pour en
informer le Public.

Du Mercredy 7 Octobre 1676. *Une femme veuve
demande la somme de cinq cens écus ou deux
mille livres en constitution de rente, ou par obligation, comme on le voudra, et hypothequera pour
cet effet une bonne maison occupée par la demanderesse, dans un des plus gais Fauxbourgs de Paris, loüée, elle logée, la somme de quatre cens
cinquante livres. Item, la moitié de trois maisons
jointes l'une à l'autre, siçes au mesme Fauxbourg,
qui toutes ensemble sont loüées huit cens cinquante
livres bien payées, dont elle a la juste moitié;
L'employ est pour retirer de la vaisselle d'argent,
et payer un emprunt qu'elle a fait pour marier
ses filles, qui sont en âge, et qui signeront au contract de constitution : Elle ne doit que quatre
mille livres sur ce total; si bien que pour lesdits
cinq cens écus ou deux mille livres, il y aura plus
de seize mille livres de fonds d'hypotheque.*

Du Jeudy 8 Octobre. *Une personne transportera avec garantie et remise fort honneste la*

somme de deux mille huit cens livres, payable
dans le premier jour de l'an prochain, par une
autre de qualité, qui paye bien.

Un particulier demande la somme de dix mille
livres en constitution de rente, et l'employ se fera
pour l'achapt d'une Charge de Greffier dans une
Cour Souveraine, il hypothequera une maison
dans un des meilleurs quartiers de la Ville de
Paris, louée six cens livres, et deux boutiques au
Palais, louées présentement neuf cens livres : Plus,
neuf à dix mille livres deûs par de bons Bourgeois
de Paris, sur de bonnes obligations, et autres
biens que l'on pourra declarer encore.

Un fort honneste homme, et fort intelligent dans
les Mathematiques, s'offre à la jeune Noblesse
pour les luy montrer, et la rendre capable en fort
peu de temps de cette sorte de science aujourd'huy
si necessaire, particulièrement à ceux qui font
profession des Armes, pour sçavoir tirer le Plan
des Villes, entendre la Fortification, et prendre
diverses mesures.

Du Vendredi 9 octobre. *Quelqu'un de Paris
desire emprunter une somme de cinq mille livres au
tost du Roy, soit par contract ou par obligation,
et pour nantissement il donnera pour deux mille
livres de vaisselle d'argent ; Plus il hypothequera
et fera transport de cent cinquante livres de rente
deue par un Marchand de la Ville de Paris, sur
une maison dans cette Ville mesme, laquelle rente*

se paye par quartier à ladite personne; Plus, une rente de cinquante livres deue par un autre Marchand bien asseuré; laquelle rente se paye par quartier pareillement, sans mettre en ligne de compte quelques autres biens encore, dont elle fera sa déclaration, si on écoute ce qu'elle propose.

Du Samedy 10 Octobre. *Une personne qui a déjà un Office considérable sur les Rentes de l'Hostel-de-Ville de Paris, et qui s'en pourvoit d'une autre encore de mesme nature, sur laquelle il a déjà payé plus de soixante mille livres, en demande dix mille à emprunter; lesdites charges seront en hypotheque, et plus de quatre-vingt mille livres de bien, tant en bonnes rentes qu'autrement, qu'il specifiera plus au long, si on écoute sa demande.*

Du Dimanche 11 Octobre. *Un particulier a une rente à vendre, laquelle est fonciere, aux environs de Pontoise : ladite rente est de vingt-trois livres par chacun an, payable au jour Saint-Martin d'Hyver, racheptable de quatre cens soixante livres : Il y aura moyen de s'en accommoder avec honnesteté, si l'on nous consulte dans cette affaire.*

Du Lundy 12 Octobre. *On sçait une Cure de trois à quatre cens livres, située à cinquante lieuës de Paris, que l'on permutera contre un Benefice simple aux environs de cette Ville. Si l'on s'adresse en nostre Bureau, nous indiquerons la personne qui en traitera fort honnestement.*

Du Mardy 13 Octobre. *Une personne demande quatorze mille livres en constitution de rente au denier Vingt, pour acquitter pareille somme, et on subrogera aux droits; celle qui demande a plus de vingt mille livres de rente. et plus de trente mille livres à heriter; une mere qui a plus dè quatre-vingts mille livres s'obligera pour ladite somme, et l'on fera tous lesdits biens francs et quittes de toutes charges et hypotheques.*

Si quelqu'un a de beaux Lits à vendre, il n'aura qu'à nous en confier les échantillons, et nous en dire le prix, car diverses personnes nous en demandent.

LIVRES NOUVEAUX

dont on a apporté les Titres, ou les Memoires
au Bureau d'Adresse.

*Livres affichez et imprimez par l'ordre de Sa
Majesté Tres-Chrestienne, pour servir à Monseigneur le Daufin, qui se vendent vingt-six livres
chez Frederic Leonard, Imprimeur du Roy, de
Monseigneur le Daufin, et du Clergé de France,
dans la ruë S. Jacques : Sçavoir le Térence par
Nicolas Camus, le Phedre par P. Danet, Abbé de
S. Nicolas de Verdun, Saluste par Daniel Cres-
pin. L. ANN. Florus par Anne Tanequil, Vel-
leius Paterculus, par Robert Riguez, Jesuiste,
Cornelius Nepos, par Nicolas Courtin, Profes-
seur des Lettres Humaines dans l'Université de
Paris. On travaille au Plaute, au Justin, au
Claudian, et à Q. Curse, que l'on mettra bien-
tost en lumiere, et que l'on vendra chez le mesme
Leonard. Tous ces vol. se vendent 26 liv. en veau.*

*Outre ces livres, le mesme Leonard en a fait
afficher plusieurs autres, imprimez en Hollande
et en Angleterre, qu'il vend pareillement; Sçavoir Arrian, Grec et Latin. Appian Alexandrin,
Aurelius Victor.*

Aulius Gellius, Ausonius, l'Argenis de Barclée,
Alexander ab Alexandro, Satiricon 8. Boëcius de

consolatione Philosophiæ, Commentaria Cæsaris, Claudianus, Cornelius Nepos, Cornelius Tacitus, Erasmi collo. Epicteti Enchiridion, Horatius, Hesiodus, Justinus, Juvenalis, Lucanus, Martialis, Epigr. Ovidius, Petronius Arbiter, Plautus, Senéca, Salustius, Suetonius, Sulpitius Severus, Statius, Sophocles, T. Livius, Terentius, Tertulianus, Virgilius, Valerius Maximus, Velleïus Paterculus, *et plusieurs autres.*

Mémoires des intrigues de la Cour de Rome, depuis l'année 1669, jusqu'en l'an 1676. Ce Livre se vend chez Estienne Michallet, ruë Saint Jacques, proche la Fontaine Saint-Severin, à l'Image Saint-Paul, 30 f. en veau.

Histoire du Droit Canonique, avec l'explication des lieux qui ont donné le nom aux Conciles, ou le surnom aux Auteurs Ecclesiastiques, et une Chronologie Canonique; le tout pour servir d'instruction à l'estude des Saints Decrets, et les autres matieres Ecclesiastiques et Historiques. Par Jean Doujat, premier Professeur en Droit Canon, et Historiographe du Roy. Ce vol. se vend 40 f. chez le mesme Michallet.

Nobiliaire de Dauphiné, contenant les Noms, les Armoiries, et les hommes illustres des Familles Nobles de cette Province. Plus l'histoire genealogique des Familles de

Bone,	Agoust,	Maubec,
Crequi,	Vesc,	Montauban,
Blanchemont,	Montlor,	

*Par M. Guillemard Conseiller du Roy, President
en l'Election de Grenoble. Ce Livre se vend chez
l'Auteur, ruë des Vieux Augustins, à l'Ecu de
France.*

Changement de demeure.

Je suis obligé d'avertir le Public, pour lequel je
me consacre dans ce travail penible des affaires de
Paris, que pour luy épargner beaucoup de peine et
de pas, conformement à son intention, je me suis
approché du Palais, où est establi le Bureau d'A-
dresse pour lesdits Avis et Affaires; sçavoir sur le
grand Qay de l'Horloge du mesme Palais, qui
regarde celuy de la Megisserie, et qui aboutit d'un
bout au Cheval de Bronze, et de l'autre à la rue
du Harlay, contre un Notaire qui fait le coin de
ladite ruë à l'enseigne du Roy d'Angleterre.

Les affiches marqueront la porte.

TREIZIÈME

JOURNAL

ET SUITE DES AVIS

ET DES AFFAIRES

DE PARIS

CONTENANT CE QUI S'Y PASSE

tous les jours de plus considérable pour le bien public

Quoy qu'on nous ait solicité de prendre un peu
de relâche apres tant d'embarras que Nous avons
eu depuis quinze jours, en quittant un quartier
tout à fait éloigné, pour nous placer au cœur de la
Ville, et rendre ainsi nostre Bureau plus commode
au Public; Si est-ce que Nous n'avons pu nous
resoudre d'arresser le cours ordinaire de notre
Travail, puisque trop de personnes y sont interes-
sées. Comme il ne se passe point de jour que nous
ne soyons chargez de nouveaux Avis et Memoires,
ce seroit desobliger ceux qui se promettent d'en
faire la lecture pour en profiter. Celuy qui se voüe
au service de sa Patrie, ne doit laisser échaper
aucune occasion de luy estre utile, et de quelques
affaires dont il soit accablé; apres celles de Dieu

et de son Prince ; ce qui regarde la cause commune, doit estre toujours considéré et preferé à ses propres interests.

•   *Biens en criées.*

On fait a sçavoir à tous qu'il appartiendra, et on l'a mesme publié au Prosne, que tous les Vendredis de chacune semaine à trois heures de relevee ; il sera procedé à la vente et adjudication, au plus offrant et dernier encherisseur, des biens de quelques particuliers, consistant en plusieurs maisons situées en divers endroits de la Ville et Fauxbourgs de Paris, et de quelques portions de rente sur la Ville ; l'une de cent quarante livres dix-neuf sols sur les Tailles. On pourra s'adresser en la maison de Monsieur de Pontcarré Conseiller Directeur, ruë de Condé.

On procedera pareillement le 20 Novembre prochain, en la maison de Maistre Guillaume Levesque, Notaire au Chastelet de Paris, proche Saint Sevrin, depuis deux heures de relevée jusqu'à cinq heures du soir, à la reception des encheres et ventes qui seront faites par les Sieurs Directeurs desdits biens, au plus offrant et dernier encherisseur de plusieurs terres et Seigneuries situées autour de Paris, droits de hauts passages, maison en Fief, rente, maison et Hostel dans la Ville de Paris ; le tout aux charges des droits et devoirs Seigneuriaux et feodaux, tels qu'ils se trouveront estre deubs.

Interest Public.

Un Avis fut affiché, il y a deux jours, de la part
de Messieurs les Officiers du Guet, qui fait sçavoir
à ceux à qui on a volé des Espéces, Chapeaux et
Manteaux, que l'on leur fera restituer, pourvû
qu'ils donnent un billet de la nature de la chose
qu'ils ont perduë, et du temps que le vol leur a esté
fait. On a choisi nostre Bureau, non pas comme
un lieu où ces pertes sont en dépost, mais seulement comme une adresse, où l'on apprendra à
ceux qui viendront les réclamer, à qui ils doivent
s'adresser pour recouvrer leur perte.

Curiositez.

Ceux qui sont amateurs d'Estampes, sçauront
que les Antiques, Bas Reliefs, et Triangles de Guise,
gravez par feu Monsieur Perié, Peintre ordinaire
du Roy, ont esté copiées, et les originaux de ces
copies se vendent toujours chez la veuve dudit
defunt Perié, ruë des Fossez, proche Saint Germain
de l'Auxerrois, vis-à-vis l'Hostel de Sourdy.

Pieté.

Le vingt-unième de ce mois on celebrera dans
l'Eglise et Chapelle de Sorbonne, la Feste de Sainte

Ursule et de ses Compagnes, où le Panegyrique de cette grande Sainte se fera à l'ordinaire le matin, et l'apresdinée en Latin et en Francois, par d'excellents Hommes de cette illustre maison.

Jeudy dernier la Feste de Sainte Therese fut tres celebre aux Carmes des Billettes ; Il y eut grande Musique, et de Magnifiques ornemens d'Autel. Le Reverend Pere Athanase de S. Charles, Religieux du mesme Ordre, y fit un aussi docte Panegyrique de la Sainte, que celuy de Saint Denis, qu'il avoit fait quelques jours auparavant dans l'Abbaye Royale de Montmartre, avec l'applaudissement universel de son auditoire.

AVIS & AFFAIRES

DE LA SEMAINE

Apportez au Bureau d'Adresse du sieur Colletet,
pour en informer le Public

Du Mercredy 14 octobre 1676. — *On nous demande
si nous ne sçavons point quelques charges de Secretaire du Roy, dont on se veüille défaire : Si
quelqu'une se presente, on n'aura qu'à prendre la
peine de nous l'indiquer, et nous trouverons des
personnes d'accommodement.*

*On demande la somme de quinze mille livres en
constitution de rente, pour faire un remboursement de huit mille livres à celuy qui a fait le prest
de l'argent pour faire bâtir trois corps de logis
doubles; et les autres sept mille livres restant de
ladite somme, sont pour parachever de faire bâtir
deux autres corps de logis pareillement doubles :
Les trois premiers corps de logis bâtis sont loüez
douze cens livres, sans y comprendre le logement
du Bourgeois. Ceux qui presteront cette somme,
seront subrogez en hypothèque à celuy qui en fera
le remboursement, ou bien si l'on veut l'on ne
prendra que sept mille livres; le mary et la femme
s'obligeront solidairement, et garantiront tout le*

13

*bien franc et quitte de toutes choses, et fourniront
la quittance d'employ.*

Du Jeudy 15 octobre. *Nous sçavons une belle
et bonne maison à vendre dans la rüe Saint-
Honoré, aux endroits non-sujets à l'abbatement;
elle rapporte mille livres de rente qu'elle s'est
loüée, et on la vendra vingt-huit mille livres.*

*Si quelques particuliers ont demy douzaine de
cuillières et fourchettes d'argent à la mode, dont
ils se veuillent defaire, nous les leur ferons
vendre, pourvu que le prix en soit raisonnable.*

*On nous a indiqué deux bons coffres forts, bien
ferrez dehors et dedans, l'un grand et l'autre
plus petit, monté sur un pied et bien conditionné.
Si quelqu'un en a besoin, il pourra s'adresser à
nous; le premier est de vingt écus, le second est de
six Louys.*

*Un meurtre inouy est arrivé aujourd'hui au
quartier de la rue de la Ferronnerie; un fils a
blessé son pere, qui mourut le lendemain matin,
et tué sur la place l'amy de son pere. La justice
s'est saisie du meurtrier, et l'on ne doute point
qu'il ne porte bien tost la peine que merite son
crime.*

Du Vendredy 16 octobre. *On nous demande
si nous sçavons quelqu'un qui veuille prester mille
écus pour les employer à payer des entrées et
voitures de vin : On donnera pour nantissement*

le vin mesme dans une cave qui sera chez la personne qui prestera l'argent, ou dans telle cave qu'il choisira dans le voisinage, et dont il aura la clef : Ledit vin ne sortira point dudit lieu que l'argent ne soit rendu; et l'on ne passera pas le deuxième ou le troisième mois sans le rendre.

Du Samedy, 17 octobre. — *On nous a confié une belle et grande platine de cuivre, forte et bien conditionnee avec son pied, lequel pied carré et fort bien approprié à ladite platine, peut servir de table pour boire et manger quand on a travaillé; elle est du prix de quinze livres, car elle est des plus grandes que l'on puisse voir et demander.*

Une personne demande une Office de Mouleur de Bois, et donnera autant de Maisons à Paris bien situées et bien asseurées qu'il en faudra pour le payement dudit Office; le décret sera mis en main, et de cette maniere il n'y aura rien à risquer. Cette proposition sera favorable à celuy qui voudra se reposer, et joüir paisiblement de la rente que ses maisons acquises pourront luy rapporter.

Du Dimanche 18 Octobre. *Un bon Bourgeois qui possède une Office sur le Bois, demande cent loüis d'or à emprunter, pour entrer au lieu et place d'une personne ; on se remboursera de cette somme sur les gages qu'il reçoit dudit Office, et*

on *hypothequera l'Office mesme pour plus grande
seureté, avec toutes les autres asseurances que
celuy qui prestera jugera necessaires.*

*On sçait une Ferme fort bien bâtie, éloignée de
Paris de deux lieuës seulement : elle rapporte
mille livres de rente, comme il sera facile de faire
voir par les baux qui en sont faits avec le Fermier.*

*Outre le logement dudit Fermier, il y a
celuy du Maistre agreablement situé, consistant
en un pavillon avec ses dépendances, qui regarde
un grand jardin de cinq à six arpents, planté de
bons arbres fruitiers, en espaliers et en bouquets,
d'un bon rapport. Le vendeur s'accommodera avec
l'achepteur, d'un tiers ou d'une moitié de l'argent
comptant, et le reste en Office seure, ou quelque
maison à Paris, dont le prix équipole celuy que
ladite Ferme aura esté venduë.*

*Du Lundy 19 Octobre. On nous demande un lit
garny en housse, il n'importe de quelle couleur,
pourvû qu'il soit bon et honneste ; on y mettra
jusqu'à vingt ou vingt deux écus ; et s'il se rencontre quelque habit complet, garny de boutons
d'orfèvrerie, d'une couleur à la mode, qui soit
pour un grand homme, la mesme personne pourra
s'en accommoder aussi.*

*On nous demande pareillement demy douzaine
de bois de chaises neuves, tournées à la mode, avec
le fauteüil ; Si l'on en fait honneste composition,*

*nous avons une personne en main qui pourra s'en
accommoder.*

*Item. Si quelqu'un sçait un lit de damas vert de
trois pieds, trois pieds et demy ou environ, nous
entendons l'étoffe et non pas le bois, on pourra
nous l'indiquer, et nous donnant avis du prix, nous
tâcherons de lui faire vendre.*

*Nous sçavons une personne qui prestera sur une
belle et riche tapisserie de deux mille écus, trois
ou quatre mille livres, sans interest. La proposition est fort juste, ce nous semble pour une personne qui aura besoin d'argent et qui ne voudra
engager ny maison ny autres effets.*

Du Mardy 20 Octobre. *Si quelqu'un desire se
rètirer à l'écart, dans un endroit de l'Université
asseʒ solitaire, et proche l'Eglise ; on sçait un
petit corps de logis séparé, consistant en sale,
basse-court, cave, trois étages, cabinets et grenier
à loüer presentement du prix de soixante écus, et
on luy transportera le bail.*

LIVRES NOUVEAUX

dont on a apporté les Titres, ou les Memoires
au Bureau d'Adresse.

*Panegyriques de la Sainte Vierge, preschez par
le R. P. Félix Cueillens, Predicateur ordinaire
du Roy, Exdefiniteur General de l'Ordre de St-
François, et Exprovincial de la Province d'Aqui-
taine l'ancienne. Ce vol. in-8° se vend en veau un
écu chez Edme Couterot, ruë S. Jacques, au bon
Pasteur.*

*Veritez ausquelles nostre Seigneur Jesus-Christ
a rendu temoignage venant au Monde, préchées
durant l'Avant par le mesme R. P. Félix Cueillens, Prédicateur ordinaire du Roy. Ce livre in-8'
se vend aussi 3 liv., chez le mesme Couterot.*

*Autre Livre nouveau d'Eglise, qui se vend dans
la ruë Saint-Jacques, aux Cicoignes, chez Sebastien Mabre - Cramoisy, intitulé; Hymni Eccle-
siastici, novo cultu adornati, Auctore Martino
Clairé Soc. Jesu Presbytero, Secunda curatior et
altera parte auctior, Parisiis, etc.*

*Nous avons fait afficher de nouveau nostre
Histoire journaliere et par l'affiche, qui explique
une bonne partie des affaires qui se traitent au
Bureau d'Adresse. Nous apprenons au public le*

lieu de son nouvel establissement, où nous avons fixé nostre demeure.

Instruction Chrestienne et pratique de devotion mise en vers François, en forme de Catéchisme: Ce Livre se vend chez Christofle Remy, ruë S. Jacques, au grand S. Remy.

Nouvelles diversitez des Sciences, comprises en cinq titres differents, qui traitent de diverses matieres de Morale : Se vendent à Paris chez Thomas Pierre Auboüin, et chez l'Auteur, ruë Neuve de la Moignon, au Palais.

La Rethorique des Predicateurs, ouvrage utile à tous ceux qui parlent en public, dedié à Monseigneur l'Archevesque de Paris, par le sieur de Richesourse ; et se vend chez l'Auteur mesme dans la Place Daufine.

Le grand Apparat François avec le Latin, Recüeilly de Ciceron, et des principaux Auteurs de la Langue Latine, huitiéme et nouvelle edition, Revuë, augmentée et enrichie des noms des Royaumes, des Provinces, des Villes, des Rivieres, des Isles, des Presqu'Isles, parties de Geographie, Termes du Blazon, Vennerie, Plantes, Animaux, Poissons et autres curiositez de la Fable et de l'Histoire ; Par le Reverend Pere Pierre Delbrun de la Compagnie de Jesus. Ce vol. in-4° se vend relié en veau six livres, par Jean Guignard Marchand Libraire, dans la grand'sale du Palais.

Changement de Bureau

Je suis obligé d'avertir le Public, pour lequel je me consacre dans ce travail penible des affaires de Paris, que pour luy épargner beaucoup de peine et de pas, conformement à son intention, je me suis approché du Palais, où est estably le Bureau d'Adresse pour lesdits Avis et Affaires; sçavoir sur le Grand Quay de l'Horloge du mesme Palais, qui regarde celuy de la Megisserie, et qui aboutit d'un bout au Cheval de Bronze, et de l'autre à la rue du Harlay, contre un Notaire qui fait le coin de ladite ruë, à l'enseigne du Roy d'Angleterre. Les affiches marqueront la porte.

Les jours pour recevoir les Avis et Memoires, Affiches, Billets, Ventes, Achapts, Pertes, Secrets, etc., sont les Lundy, Mercredy et Vendredy l'apresdinee depuis une jusqu'à six heures du soir, et l'on taschera de satisfaire ceux qui nous honoreront de leurs visites.

JOURNAL

ET SUITE DES AVIS

ET DES AFFAIRES

DE PARIS

*Contenant ce qui s'y passe toute la Semaine de plus
considérable pour le bien Public.*

Bien des gens ont demandé dans nostre nouveau
Rétablissement, de quelle utilité seroit nostre
Bureau d'Adresse; Plusieurs ont dit qu'il n'estoit
pas necessaire, d'autres n'ont pu comprendre où
aboutissait ce grand dessein; Quelques uns qui
prennent les choses tout aû contraire de ce qu'elles
doivent estre prises, en ont tiré de mauvaises conséquences, et ce sont imaginez que c'estoit un
moyen inventé pour decouvrir leurs facultez, et
pour rendre public ce que l'on doit cacher dans les
Familles : Les uns et les autres neantmoins connoissent bien à present qu'il se sont trompez dans
leurs pensées, puisque ce n'est rien du tout de ce
qu'ils se sont imaginé. Depuis trois mois ils ont
veu par la sincérité de nostre conduite, qu'il n'est
chose plus utile à Paris que nostre Bureau; outre

que tout y est volontaire, tout s'y traite avec tant
de discretion, que nul ne sçait le dessein de l'autre;
et personne, à moins d'estre d'une humeur extraor·
dinairement bouruë, n'en sort mal satisfait. Si l'on
veut le secret dans ce que l'on propose, il est exactement gardé; et si l'on ne veut proposer sa demande
qu'aux particuliers qui se rencontrent au Bureau,
et non pas au Public par nos Cahiers, on ne fait
en cela que ce que l'on ordonne. Qu'aucun donc
n'ait plus de repugnance à nous communiquer ses
avis; quoy que nostre Bureau n'ait pas encore esté
bien connu, on n'a pas laissé de faire quelques
affaires, dont les particuliers sont contens; De là
l'on peut tirer une conséquence qu'il s'en fera bien
d'autres avec le temps, Dieu aydant, pour la satisfaction des parties, quand les affiches auront fait
connaistre plus amplement nostre demeure, et que
nos Cahiers auront appris à tout le monde ce qui
résulte de nostre innocent commerce.

Ordonnance du Roy

Portant inhibitions et defences à toutes personnes
de quelque qualité et condition qu'elles soient,
d'entrer dans l'Isle Maquerelle, sans la permission
de ceux qui seront proposez pour la garde des
Cygnes; et à tous Basteliers et autres gens d'eau
d'y aborder, à peine de trois cens livres d'amende,
et de plus grande, s'il y échet : Defend Sa Majesté

de prendre et casser les œufs desdits Cygnes, ny
de leur faire aucun mal : Mande et ordonne Sadite
Majesté au sieur de la Reynie, Lieutenant-General
de Police, de tenir la main à l'execution de ladite
Ordonnance.

Nouvelle Ordonnance

De Monsieur le Prévost de Paris, ou Monsieur
son lieutenant général de Police, en date du 19
octobre 1676, portant, que sur ce qu'il a esté représenté par Monsieur le Procureur du Roy, qu'ensuite des ordres de Sa Majesté, pour établir une
entière seureté en faveur des Bourgeois, tant de
jour que de nuit, en sorte que chacun peut aller
à toutes heures, sans craindre aucune insulte
ny accident; il est estoit necessaire neantmoins en
ce tems de reïterer les defences faites en conséquence des Declarations du Roy, touchant le port
d'armes. Dit a esté, que defences sont faites à toute
sorte de personnes de quelque qualité et condition
qu'elles soient, excepté les Officiers et Archers pre-
posez par le Guet pour la Garde de nuit, de porter
dans la Ville et Fauxbourg de Paris aucunes
armes à feu pendant la nuit. Comme aussi à tous
Soldats de vaguer hors leurs Quartiers Corps de
Garde apres six heures du soir, sans ordre de leur
Capitaine: Defence à tous Hosteliers et Cabare-
tiers, de recevoir en leurs Hostelleries et Cabarets,

apres cinq heures du soir en hyver, et neuf heures
en Esté, aucun Soldats ou Archers du Guet, à peine
de cent livres d'amende: Et pour oster aux voleurs
le moyen de se sauver dans les portes ouvertes;
Enjoint aux propriétaires et principaux locataires
de tenir les portes de leurs maisons fermées, avec
defences de les laisser ouvertes après huit heures du
soir: Defence aux Pages et Laquais de porter cannes
ou bâtons, et défence à eux de casser les Lanternes,
briser les poteaux et rompre les cordes, à peine
d'être procédé contre eux; Permis au Bourgeois de
se saisir de leur personne; d'avertir le Commissaire
du quartier, des vols qui pourroient avoir esté faits
à l'insceu des Officiers du Guet, qui ne peuvent
estre partout, afin qu'il en soit informé pleinement,
et que l'on puisse plus facilement decouvrir les
complices.

Criées

On poursuit au greffe de la Cour des criées, vente
et adjudication par decret de plusieurs Terres et
Seigneuries situées en la Province du Mayne et du
Perche, en conséquence d'une Sentence de congé
d'adjuger; le tout à la diligence de Maistre Jean
Bataillan, Procureur en la Cour, et du Seigneur
poursuivant lesdites criées.

Item Lundy prochain et jours suivans on procedera, à l'adjudication pure et simple, d'une Maison

et Terre, sans aucune remise; ainsi qu'il a esté convenu entre les heritiers beneficiers et creanciers de ceux à qui lesdits heritages appartiennent en la Maison et Estude de Monsieur Mousnier notaire, devant la grande porte du Palais.

PIETÉ

De celebres Predicateurs doivent faire le panegyrique de S. Charles Borromée Mercredy 4 Novembre à S. Jacques de la Boucherie, et aux RR. PP. de la Doctrine Chrétienne, sur le Fossé de Saint-Victor, où la Feste de ce Saint Cardinal sera celebrée, et un autre celui de Saint Marcel, le jour du Patron, dâns l'Eglise qui lui est dédiée. Ceux qui préchent le jour de la Toussaint dans les grandes Chaires de Paris ; sont pour l'ordinaire les mesmes qui doivent prêcher les Advents de Noël.

AVIS & AFFAIRES

DE LA SEMAINE

Apportez au Bureau du sieur Colletet, pour en
informér le Public.

Du Mercredy 21 Octobre 1676. *On sçait une
Cure à vingt lieuës de Paris, qui est à la collation
d'une Abbaye; ledit Benefice est de huit cens livres de revenu, il n'y a point de Vicaire à payer
là-dessus; car il a son affaire à part.*

*Si quelque Libraire veut tenir Boutique sous la
direction ou l'aveu d'une veuve, nous en sçavons
une fort intelligente dans les Livres, qui se con-
tentera d'une reconnoissance honneste toutes les
semaines. Cette petite affaire n'est pas à négliger,
et nous pourrons en donner connoissance.*

*On sçait une belle Bible Hébraïque en un vo-
lume infolio à vendre, et nous indiquerons le lieu,
si l'on s'adresse à nous pour cette affaire.*

*Un particulier a six mille liures de rentes sur
les Aydes de France à vendre au denier huit: lesdites rentes sont créées dès l'année 1634, et paya-
bles de quartier en quartier par Messieurs les
Payeurs des Rentes de l'Hostel-de-Ville de Paris.*

*Si quelqu'un a dessein de s'en accommoder, nous
luy aiderons en ce rencontre.*

*Un autre voudroit bien emprunter dix-neuf à
vingt mille livres, par obligation ou par contract
de constitution, et pour assurance il hypothequera
trois bonnes maisons dans Paris, qui ne doivent
pas un double, et son Office, qui luy couste cinquante mille écus. Item, plus de dix mille écus
qu'il a sur l'Hostel-de-Ville ; et Madame sa mère
s'obligera solidairement avecque luy comme fils
unique, et l'employ des vingt mille livres sera
pour parachever le payement d'une Office considerable dans la Maison du Roy.*

*Une veuve et son fils auroient besoin de trois
mille livres, l'employ sera pour l'amortissement
d'une rente de douze cens livres environ, et ils
obligeront une maison où ils sont demeurans, qui
leur rapporte près de deux mille livres de rentes;
ils prendront les trois milles livres par obligation,
et donneront à prendre sur les loyers jusqu'à fin
de payement ; et le fils et la mere en obligeant
leurs biens, s'obligeront aussi solidairement ;
mesme lesdits locataires s'obligeront de payer au
bailleur, et non à autres lesdits loyers par quartiers ou par demie année, comme on le voudra.*

Du Jeudy 22 Octobre. *L'on demande huit à neuf
cens livres d'emprunt par obligation au denier
vingt, et nonobstant on ne laissera pas de nantir
des effets qui ensuivent; sçavoir, une écuëlle, une*

tasse, une petite salière carrée, deux petits flam-
beaux, hùit cuillières, huit fourchettes à la mode,
une paire de Mouchettes, le tout d'argent pesant
six marcs et demy. Item, un filet de trente neuf
perles fines et rondes, une table de brasselets en
cœur de diamants, des boucles d'Amatistes, et de
petits diamants, un étuy de chagrin garny de sa
cuillière, fourchette et couteau de vermeil doré à
manche de crystal, et une boëte pleine de crystal
d'un Lustre qui est démonté ; le tout valant plus
de quatre cens écus.

Nous avons en dépost au Bureau une petite cas-
sette de Toilette de bois façonné, garnie de belles
plaques de cuivre doré, avec sa clef et sa serrure,
et le pelotton en coffret, qui ferme pareillement.
Nous le ferons donner à bon marché, si quelqu'un
se présente pour l'achepter.

Du Vendredy 23 Octobre. *Nous sçavons une*
douzaine et demie de tres belles chaises de point
d'Hongrie toutes frangées, montées, et prestes à
mettre sur les bois, les nuances en sont fort vives,
et d'une belle mode, et le tout est du prix de vingt
pistoles. Item, huit autres chaises de roses, qui
sortent de dessous l'éguille, et qui partent d'une
bonne main; On les fait trente cinq écus, et on ne
les donnera pour gueres moins.

On nous a indiqué deux carrosses bien condi-
tionnez et bien garnis, qui sont à vendre, aussi
bien que deux bons chevaux de service. Nous les

ferons avoir au meilleur marché qu'il nous sera possible, si l'on s'adresse à nous pour cet effet.

L'on nous demande la somme de six mille livres, et l'on donnera pour nantissement les effets suivans. Premièrement, pour quatorze à quinze cens livres de bonne vaisselle d'argent, plus une tapisserie de trois aunes de hauteur tres belle et à personnages, de vingt cinq aunes de tour. Plus, une autre tenture de trois aunes pareillement de hauteur, et de vingt cinq d'étendue. Plus, un cuir doré de trois aunes de haut, et de vingt cinq aunes de tour : et si cela ne suffit pas, on y adjoûtera d'autres hardes de conséquence.

Du Samedy 24 Octobre. *Nous sçavons une maison à vendre, du rapport de trois cens trente livres, qu'elle est loüée : Elle est située au quartier de la porte Saint Denis : elle consiste en deux belles boutiques, deux sales, deux chambres au premier étage, deux chambres au second, deux au troisième, et un grenier à cheminée, ladite maison est neuve, et n'est ny affectée ny hypothéquée : Le mary et la femme s'obligeront solidairement : Et si l'on veut l'on ne donnera que deux mille livres, et l'on fera rente du reste, et on la vendra sept mille cinq cens livres.*

L'on nous demande vingt mille livres à emprunter dans les formes honnestes et légitimes, qu'on asseurera sur quatre cens mille livres de bien situé tant à Paris qu'à la campagne, pas plus loin que

14

*dix à douze lieuës : sur quoy il y a dix mille écus
de rente sur l'Hostel-de-Ville, et plus de deux cens
mille livres de bien à Paris, le tout franc et quitte
de toute hypothèque.*

*Un particulier voudroit avoir aussi trouvé deux
mille écus sur quatorze mille livres de rentes cons-
tituées sur l'Hostel-de-Ville, et plusieurs autres
biens encore, s'il est necessaire, que l'on indiquera. Si quelqu'un desire prester cet argent sous
ces conditions, il pourra s'adresser dans nostre
Bureau.*

*Du Dimanche 25 Octobre. Nous sçavons une
fort jolie maison à vendre dans un petit village
proche de Paris, dont l'achapt sera fort seur, et
le prix fort raisonnable : Elle sera propre pour
un Bourgeois qui voudra divertir sa famille les
Dimanches et les Festes.*

*Du Lundy 26 Octobre. On nous propose quel-
ques deniers que l'on veut faire profiter, pourvû
que ce soit sur de bons effets comme de bonne vaisselle d'argent, des coliers de perles, des Diamans,
Monstres d'or, et autres Bijoux de pareille consequence.*

*Du Mardy 27 Octobre. Nous avons avis d'un
fort bon Benefice Cure de huit cens livres de revenu sur l'Archevesché de Roüen, à quelques lieuës
de Dieppe, l'Eglise est en fort bon estat, et le Pres-*

bytere fort logeable : il n'a son étenduë que sur cinquante ou soixante feux au plus, et on le per-mutera contre un Benefice simple de cent livres aupres de Paris.

Le Public est averty qu'il y a plusieurs Atlas Italiens à vendre enrichis de figures, avec plu-sieurs autres Livres dépendans desdits Atlas, pour la Navigation et Science speculative; Ou-vrage tres achevé, et tres utile pour les curieux dans ces sortes de connoissances, et dont on fera une tres honneste composition: Ceux qui en auront besoin n'auront qu'à s'adresser en notre Bureau d'Adresse, et on leur nommera la personne qui a lesdits livres en sa possession.

LIVRES NOUVEAUX

dont on a apporté les titres ou les mémoires
au Bureau d'adresse

Le Combat spirituel, composé en Espagnol par D. Jean de Castagnisa, Religieux de l'Ordre de S. Benoist, et traduit en François sur l'original manuscrit nouvellement découvert en Espagne, et apportez en France, avec une Preface qui fait voir comment cet excellent ouvrage a esté attribué à d'autres Aüteurs. Ce vol. in 12, se vend 3o sols chez Antoine Bertier, Libraire ordinaire de la Reyne, ruë S. Jacques, à la Fortune.

Changement de Bureau

Je suis obligé d'avertir le Public, pour lequel je me consacre dans ce travail penible des affaires de Paris, que pour luy épargner beaucoup de peine et de pas, conformement à son intention je me suis approché du Palais où est estably le Bureau d'Adresse pour lesdits Avis et Affaires; sçavoir sur le Grand Quay de l'Horloge du mesme Palais, qui

regarde celuy de la Megisserie, et qui aboutit d'un
bout au Cheval de Bronze, et de l'autre à la ruë du
Harlay, contre un Notaire qui fait le coin de ladite
ruë, à l'enseigne du Roy d'Angleterre. Les affiches
marqueront la porte.

QUINZIÈME

JOURNAL

ET SUITE DES AVIS

ET DES' AFFAIRÉS

DE PARIS

*Contenant ce qui s'y passe toute la semaine de plus
considérable pour le bien Public.*

Je pensois que les Festes suspendraient le cours
des affaires ; et qu'ainsi nous donnerions quelque
tréve à notre travail, pour reprendre haleine, et
reparaistre avec plus de vigueur et de force apres
la Saint-Martin dans notre carriere ordinaire ; mais
comme elles ont produit un effet tout contraire ; et
que les Avis sont venus, mesme plus en foule ces
jours là qu'en une autre saison ; prenons la plume,
et apres avoir eu soin des Trépassez par nos
prières, agissons en faveur de ceux qui vivent, et
tâchons de leur donner la satisfaction qu'ils atten-
dent du Bureau, toutes les semaines.

MONITOIRE

Publié aux Prosnes de diverses Paroisses de la

Ville de Paris, ensuite de l'Ordonnance de Monsieur le Lieutenant-Civil, en datte du 27 du present mois d'Octobre, à la requeste d'un Avocat en Parlement, demeurant à Chastillon sur Seine, comme héritier d'un sien oncle, complaignant, à l'encontre de certains Quidans et Quidanes, qui ont diverty quantité de meubles, or et argent, bagues, Joyaux, titres, papiers et autres biens de la succession dudit oncle, appartenant audit neveu complaignant.

PIETÉ

Mandement de Monseigneur l'archevesque de Paris, publié aux Prosnes des Paroisses, tendant à exhorter les Peuples de contribuer de leurs biens pour la conservation des Lieux Saints et le recouvrement de ceux qui ont esté usurpez sur les Catholiques par les Chrestiens Schismatiques, pour participer aux prières et bonnes œuvres qui se font dans lesdits Lieux, et de remettre les aumosnes entre les mains du Commissaire General de la Terre Sainte.

Biens en criées

Il sera procédé le 20 Novembre prochain, en la maison de Maistre Guillaume Levesque, Notaire au Chastelet de Paris, proche Saint Severin, depuis deux heures de relevée jusqu'à cinq du soir, à la réception des encheres et ventes qui seront faites de diverses Terres et Seigneuries, Maisons droits et rentes, en s'acquittant des charges deuës, et des devoirs ordinaires.

Item le Samedy cinquième Décembre prochain, en la maison de M⁰ Simonet, Notaire au Chastelet de Paris, ruë Sainte Avoye, sera pareillement procédé à la réception des enchères, et à la vente et adjudication, conjointement ou separement, de diverses Terres et Seigneuries, dont les circonstances et dépendances seront declarées à ceux qui desireront les acquerir.

AVIS & AFFAIRES

DE LA SEMAINE

Apportez au Bureau d'Adresse du sieur Colletet,
pour en informer le Public.

Du mercredy 28 Octobre 1676. — *Nous sçavons
une superbe tenture de tapisserie à personnages
de piété, relevée d'or et de soye; elle a plus de
quarante aunes de tour, et plus de quatre de hauteur; on ne la fait que vingt-cinq mille livres
quoy qu'elle en vale plus de quarante mille; et
peut-estre mesme en rabattra-t'on quelque chose
encore, si les personnes sont d'accomodement.*

*Les mesmes personnes ont diverses autres pièces
qui pour estre de moindre prix, n'en sont pas
moins considérables : les deux premières sont,
une de Pluton et l'autre de Proserpine; les suivantes de Venus et d'Adonis, d'Hercules et d'Om-
phale, de Bacchus et d'Ariane, de Neptune et de
Cérès, de Jupiter et d'Histerie, d'Hermidë com-
posant ses charmes, et d'une autre enfin qui représente un Mariage. Les unes sont de quatre, les
autres de cinq ou six mille livres, ou plus ou
moins, selon la somme que l'on y voudra mettre.*

*On vient de nous communiquer le memoire d'une
maison à vendre au quartier de Saint-Jacques-de-
la-Boucherie, belle et bien bastie de pierres de
taille : Elle consiste en deux boutiques, une grande*

*sale, accompagnee d'une alcove, cuisine, belle
court, et autre petite court à coste, ou est un
puits mitoyen, plusieurs caves hautes et basses
doubles, avec leur caveaux, trois estages, dont le
premier contient deux grandes chambres, cuisine garde-robbe et cabinets fort commodes, les
autres estages contiennent du lieu à proportion :
elle est loûée près de neuf cents livres, et sa
vente sera de vingt-cinq mille livres ou environ.*

*Si quelques personnes charitablement veulent
faire travailler au point de fil sur le patron à
l'éguille, nous sçavons une pauvre veuve qui s'en
acquittera consciencieusement, et avec la satisfaction de ceux qui luy feront l'honneur de l'employer; pourvu qu'on luy fasse quelque petite
redevance raisonnable, tant pour son fil, que
pour lui avoir les choses nécessaires à la vie.*

Du Jeudi 29 Octobre. — *Nous sçavons une gen-
tille maison à vendre proche de Paris, du prix de
deux mille livres ou environ. Elle consiste en une
court, jardin, cuisine, chambres et grenier, et autres petites commoditez nécessaires à la campagne.*

*On sçait une tenture de tapisserie de Flandres
à vendre, c'est une haute lice à personnages, de
vingt aunes de tour, et de deux aunes deux tiers
de hauteur : elle est fort bonne et bien condi-
tionnée, quoy qu'ancienne, et son prix à bon mar-*

che est de cinq cents livres : *On sçaura de nous à qui elle appartient.*

Nous en sçavons une autre encore beaucoup plus belle et plus riche; c'est une verdure de dix-huit à dix-neuf aunes de tour et de plus de deux aunes de hauteur, aussi est-elle de seize cents livres, et personne ne la verra qu'il ne l'estime bien davantage.

On nous a indiqué en mesme temps un miroir de dix louïs, qui vaut bien la peine d'en faire l'orne ment d'un beau cabinet, ou d'une belle chambre.

Avis pour le divertissement public.

Du Vendredy 10 Octobre. — *Le Public qui ayme le divertissement honneste et innocent, est averty qu'un homme ingénieux a fait faire une nouvelle machine, par le moyen de laquelle on jouë fort aisément sur l'Epinette, sur le Clavecin et sur l'Orgue, un certain nombre de pièces telles que l'on les souhaite, et tout cela ne dépend seulement que d'une manivelle que l'on tourne; mesme il fera mouvoir la machine par des contrepoids si on l'ayme mieux. Si quelqu'un a de pareilles machines par Pampus ou par quelque autre : il loge dans la rue Saint-Jacques, à l'image Saint-Georges, vis-à-vis l'Hostel de la Couture, et s'appelle Monsieur Happencourt.*

Nous avons en notre disposition un beau tapis de

*table, doublé, frangé et tout monté de petit point
fort grand et fort propre à faire mesme un mar-
che-pied d'un riche alcoves, il est de cent louïs à
fort bon marché.*

Du Samedy 31 et dernier Octobre. — *Ce jour
on nous apporta deux lustres à glace, garnis de
leur tour à plaques de cuivre doré, et de deux
branches à chandelier fort propres pour un cabinet, et qui sont d'un prix fort raisonnable.*

*Le mesme jour nous eusmes avis d'une belle
maison au fauxbourg Saint-Honoré, dont on
se veut défaire. Elle est à présent louée huit
cent livres; ellé consiste en deux boutiques, seize
chambres, court, puits et caves; le tout basty de
neuf et de bonnes pierres de taille; escalier à la
mode, louille et clair au possible. Cet héritage
est de dix-huit mille livres, avec toutes les seuretez que l'on peut espérer.*

*Nous sçavons une fort belle terre à vendre au
pays du Maine, qui n'est éloigné que de trente-
deux lieuës de Paris; elle est affermée treize cents
livres de rente, avec plusieurs chapons. Elle consiste en un chasteau environné de fossez, gardé
d'un pont-levis. Le possesseur est Seigneur d'un
grand Bourg situé vis-à-vis, haute, moyenne et
basse justice, avec plusieurs fiefs qui en re-
lèvent.*

*On demande une petite charge chez le Roy de
mille écus, que l'on payera argent comptant. Si*

quelqu'un s'en veut defaire d'une, il pourra nous en donner avis.

Du Dimanche premier Novembre 1676. *Ce jour le Bureau fut fermé, et il y eût cessation d'avis et d'affaires, à cause de la solemnité de tous les Saints.*

Du Lundy 2 Novembre. *On sçait un Benefice simple Prieuré, éloigné de Paris seulement de huit lieuës; il vaut trois cens livres de revenu tous frais faits, et il est en Patronage Ecclesiastique.*

Une personne cherche quelque bien en Fief ou roture, il ne luy importe, à échanger, si l'on veut, contre des maisons à Paris, bien situées, et d'autres aux environs du dit Paris, en bon fonds, aussi bien que quelques-unes encore depuis deux jusques à huit lieuës, et ladite Terre depuis douze jusqu'à vingt et vingt cinq mille livres, voire mesme jusqu'à trente : et l'on souhaitteroit que ledit heritage fut sur une route, où il y eust commodité d'envoyer lettres, hardes et domestiques.

On sçait une maison à vendre à bail d'heritage, ou à prix d'argent, size au Fauxbourg Saint Marcel; elle consiste en quinze ou seize feux occupez et bien loüez, et l'on en fera prix raisonnable.

Une personne demande neuf cens livres d'emprunt, et donnera pour seureté un contract de constitution de la somme de cinquante-cinq livres

onʒe sols deux deniers de rente annuelle et per-
petuelle, payable au dix-huitième Juillet à Issou-
dun; une personne de condition, qui a pour plus de
cinquante mille écus de bien, est garand de cette
somme et rente; et outre ce bien, l'on a mesme
hypotheque sur une Terre, Seigneurie et Chas-
teau dans le Berry.

On demande une somme de six mille livres par
obligation, payable dans un an : et ceux qui au-
ront cette partie à prester pourront en s'adressant
au Bureau, sçavoir sous quelles conditions avan-
tageuses cette affaire se fera.

Du Mardy 3 Novembre. *Diverses personnes*
nous ont porté parole que si quelqu'un aspire aux
emplois Militaires et aux Commissions, soit dans
les Cinq Grosses Fermes ou ailleurs, que l'on trou-
vera moyen par amis ou autrement, de les faire
placer selon leur inclination.

Si quelqu'un a quelque somme à placer, de quel-
que nature qu'elle puisse estre, on luy découvrira
les moyens legitimes pour la faire profiter.

Un homme venu depuis quelques jours de la
campagne, où il a fait des cures admirables envers
plusieurs personnes de condition, dont il a les at-
testations et les temoignages autentiques, s'esta-
blit à Paris, et offre son secours à ceux qui auront
besoin de son ministere. Il sçait divers secrets pour
la guerison de plusieurs maux; et particuliere-
ment pour les morsures des chiens enrageʒ, et des

bestes veneneuses : Il remet les os rompus et dé-
boitez, et facilite les plus penibles accouchemens
des femmes : On apprendra sa demeure dans
nostre Bureau d'Adresse, où l'on donnera le me-
moire des autres maux qu'il guerit, et dont il a
ait diverses expériences.

LIVRES NOUVEAUX

dont on a apporté les Titres ou les Mémoires
au Bureau d'Adresse.

*Messieurs les Graveurs de la ruë S. Jacques,
et autres, se sont efforcez à l'envy de representer
au naturel nostre tres-Saint-Pere le Pape de nouvelle creation, surnommé Innocent XI. Natif de
Cosne dans le Milanez, âgé de soixante-cinq ans
et auparavant appellé Benoist Odescalchi, Cardinal du titre de Saint Onuphre; et tous ont bien
réüssi dans leur ouvrage; mais à mon gré, celuy
qui a bien rencontré est le sieur Habert, qui fait
debiter ses copies chez Metivier, ruë S. Jacques
à la Cloche d'Argent : Les curieux en jugeront,
et pourront choisir parmy tant de portraits differents, celuy qui leur reviendra davantage.*

*Histoire de la Conqueste de la Chine par les
Tartares, contenant plusieurs choses remarquables touchant la Religion, les Mœurs et les cou-
tumes de ces deux Nations, et principalement de
la derniere, écrite en Espagnol par Monsieur de
Palafox, Evesque d'Osma, et traduite en François par le sieur Collé, dedié à Monseigneur le
Daufin : Ce vol. in 8° se vend 3 liv. chez Antoine*

*Bertier, Libraire ordinaire de la Reyne, ruë
S. Jacques à la Fortune.*

*Consolation pour les scrupules, et leur remede,
par le Reverend Pere Jean Eusebe de Nieremberg,
de la Compagnie de* JESUS, *seconde édition. Ce
vol. in 16 se vend 20 S. chez le mesme Bertier.*

*Explication morale de la premiere Epistre de
S. Paul aux Corinthiens, tirées des Saints Peres
et Docteurs de l'Eglise, Par le sieur Muret.
Ce vol. in 8° se vend 3 liv. encore chez le mesme.*

*L'Agenda des honnestes gens, qui donne à con-
noistre ce que l'homme doit faire pour sa perfection : Ce livre qui doit estre curieux sans doute,
se vend chez François Muguet, Imprimeur ordinaire du Roy, et de Monseigneur l'Archevesque
ruë de la Harpe.*

Changement de Bureau

Je suis obligé d'avertir le Public, pour lequel je
me consacre dans ce travail pénible des affaires de
Paris, que pour luy épargner beaucoup de peine et
de pas, conformement à son intention, je me suis
approché du Palais, où est estably le Bureau d'a-
dresse pour lesdits avis et affaires; sçavoir sur le
grand quai de l'Horloge du mesme Palais, qui regarde celui de la Megisserie, et qui aboutit d'un
bout au Cheval de Bronze, et de l'autre à la ruë
du Harlay, contre un notaire qui fait le coin de
ladite ruë, à l'enseigne du Roy d'Angleterre.

Les Affiches marqueront la porte.

15

JOURNAL
ET SUITE DES AVIS
ET DES AFFAIRES
DE PARIS

*Contenant ce qui s'y passe toute la semaine de plus
considérable pour le bien Public.*

Je ne pretens point remplir aujourd'huy nos
Cahiers de beaucoup d'affaires, les Festes les ont
renduës Steriles cette semaine; et je me doute bien
qu'après la Saint-Martin nous les verrons plus
abondantes, aussi se prépare-t-on de renouveller
toutes choses; et comme le Palais reprendra une
nouvelle face après les Vacations presque finies,
aussi, le Bureau changera-t-il de forme pour l'utilité publique; Que les personnes d'intrigues et d'affaires, et que les curieux de tout ce qui se passe, se
préparent donc à le fréquenter plus que jamais, ils y
trouveront des satisfactions nouvelles, et mille
choses rectifiées seront autant de charmes innocents
qui pourront attirer tout le monde.

Office à vendre

On fait à sçavoir, en execution d'Arrest contra-
dictoire de la Cour, et de l'Ordonnance de Monsieur

le Coq, conseiller, qu'il sera procedé à la Barre
d'icelle, par devant mon dit sieur le Coq, à la vente
et adjudication d'une Office d'Huissier aux Consuls, le Mercredy cinquième Decembre prochain
purement et simplement, sans aucune espérance
de remise, sur l'enchere de la somme de douze mil
sept cens livres.

Jardinage.

Un bon Jardinier nouvellement arrivé d'Orléans,
donne avis au public curieux du Jardinage, qu'il a
apporté quantité d'arbres nains de toutes especes.
Ceux qui désireront en choisir, le trouveront au
Fauxbourg Saint-Antoine, à l'enseigne du Nom de
Jesus, et au Fauxbourg Saint-Jacques, dans les Capucines, où l'on en fera un prix raisonnable.

PIÉTÉ

Le neufiéme de ce mois on celebrera dans l'Église
des RR. PP. Jacobins Reformez de la ruë Saint
Honoré la Feste de tous les Saints qui sont de
l'Ordre de Saint-Dominique, pour la première fois
ordonnée par le Pape defunt Clement X pour estre
annuellement solemnisée à pareil jour avec Indulgence pléniere.

Monsieur l'Abbé Brosse dont la réputation est si
connuë, preschera le Lundy seiziéme de ce mois en
l'Église de Saint Germain-le-Vieil, à la Messe solemnelle qui s'y doit celebrer, pour la Translation
des Reliques de Sainte Julienne qui seront portées

processionnellement dudit lieu par Messieurs de
Saint-Jacques du Hautpas.

Monitoire surprenant, et de la derniere importance

Publié aux Prosnes de diverses Paroisses, ensuite
de la permission de Monsieur le Lieutenant Civil
au Chastelet Ancien de Paris, en datte du vingt
sixiéme Septembre 1676. Signé le Camus ; à la
requeste d'un Bourgeois de la Ville de Cahors,
frere unique et seul héritier d'un Avocat ès Conseils du mesme nom, contre certaines Quidanes et
Quidan, leur affidé, et complices, accusez d'avoir
pris, volé, emporté, diverty, et fait divertir l'or et
l'argent monnoyé dudit defunt, meubles, vaisselle
d'argent, titres, obligations, contracts, billets et
promesses, montans à plus de deux cens mille
livres : Ceux qui sçavent qu'une desdites Quidanes
s'est servie de superstitions et magies, pour par-
venir à un mariage avec ledit defunt Avocat ;
Qu'elle auroit pratiqué un Quidan Prestre, pour
faire faire un contract de mariage entre elle et ledit
defunt ; Qu'elle habilla et deguisa ledit Quidan
Prestre, qui fut avec les deux dites Quidanes de
nuit chez un Notaire, où faisant croire sous son
habit travesty qu'il estoit ledit defunt, fit un contract de mariage avec ladite Quidane, et le signa
du nom du defunt, qui pour lors que se prati-
quoient toutes ces choses secrètes, estoit encore
plein de vie ; Que depuis la mort dudit Avocat

ledit Quidan Prestre auroit donné certificat qu'il avait marié ladite Quidane avec ledit Avocat dans sa propre chambre avant de mourir ; ce qui a donné lieu a ladite Quidane de se saisir des biens dudit defunt, se prétendant seule heritiere en qualité de sa femme.

Ce cas est un des plus surprenants de nos jours, et qui merite bien qu'on lise ledit Monitoire de longue haleine, dont nous n'avons tiré que la substance à notre ordinaire.

Machine nouvelle

Quoy qu'on ait parlé dans les cahiers precedens de cette Machine, si est-ce que comme on n'a pas assez expliqué la chose, on est bien aise d'en donner plus de lumiere dans ceux-cy : Le sieur Hapencourt, qui loge dans la ruë Saint Jacques, à l'Image Saint Georges, vis à vis l'Hostel de la Coûture, est l'Auteur de la mesme machine, avec laquelle on joue sur l'Epinette, sur le Clavessin ou sur l'Orgue, qu'il fera, si l'on veut par contrepoids : Et si quelqu'un a chez soy de pareilles machines faites par defunt Pampus, ou par quelque autre, il mettra dessus de nouvelles pieces. Ledit sieur Hapencourt fera voir cette nouveauté gratuitement à ceux qui l'honoreront de leur visite ; et mesme il s'offre d'en faire à prix raisonnable aux personnes de qualité, qui desireront en avoir chez eux pour faire toucher à leurs gens de semblables machines harmoniques.

AVIS & AFFAIRES

DE LA SEMAINE

Apportez au Bureau d'Adresse du sieur Colletet,
pour en informer le Public.

Du mercredy 28 Octobre 1676. — *Il est deub à
un particulier la somme de six mille neuf cens
quatre-vingt-cinq livres restantes de plus grande
somme, pour laquelle il a privilege special sur
une place de terre venduë à une personne de qualité, ladite terre située aux environs de la porte
de Richelieu. Si quelqu'un desire en traiter, on
fera une remise honneste, et l'on donnera toutes
les seuretez que l'on peut attendre.*

Du Jeudy, 5 Novembre. — *Une personne demande une charge d'Advocat, ou quelque autre
chez Monseigneur le Dauphin, qui soit seulement
AD HONORES, à cause de l'exemption des Tailles et
autres droits.*

*Un jeune homme de Bourgogne proche Dijon,
qui a fait ses humanitez sous les R.R. PP. Jé-
suistes, qui commence son cours de Philosophie
présentement à Paris, et qui sçait les Mathéma-
thiques, Fortification, Astronomie, et l'Arithmétique; S'offre pour conducteur d'Enfans de condition au College, pendant qu'il prendra ses leçons; il donnera pour révondans des personnes
d'honneur et de mérite.*

Du Vendredy 6 Novembre. — *Une personne demande cinq cens livres, pour parachever de payer
le Sel qu'il doit lever, à cause des regrats qu'il a
du plat pays ès environs de cette Ville ; Il a une
tres belle maison size dans un des meilleurs quartiers de Paris, de laquelle il retire sept cens cinquante livres, luy logé, et ne doit aucune chose.
La demande n'est que pour un mois.*

*Deux honnestes gens demandent des Emplois à
Paris, qui donneront bons répondans, et qui sont
de très bonne famille, il n'importe à quoy, pourvu
qu'ils soient honnestes, et qu'ils puissent luy rapporter neuf cens ou mille livres, ou moins mesme,
si le cas y échet.*

Du Samedy 7 Novembre. — *Nous avons quantité de cédules, billets, promesses et petites obligations qui nous ont été confiées, dont on pourra
s'accommoder avec quiconque désirera les achepter,
et on en fera une très honneste composition.*

*Nous sçavons un beau miroir à bordure de noyer
de Grenoble, et à bandes de cuivre doré avec son
chapiteau à vendre. Item deux lustres à glace
garnies ; le tout est du prix de soixante livres à
fort bon marché.*

Du dimanche 8 novembre. — *Nous sçavons un
Benefice simple fort peu éloigné de Paris, qui
vaut près de trois cens livres de revenu, et que
l'on peut, ou résigner ou permutter sans le consentement du Seigneur. On le permuttera contre
un autre situé en Normandie, et s'il vaut davan-*

tage que le dit Benefice, on fera pension du sur-
plus.

Du lundy 9 novembre. — *Nous sçavons une*
Cure à demy journée de Paris, dans le voisinage
agreable de la rivière de Seine, de treize cens li-
vres de revenu toûjours, et de quinze, quand les
années sont favorables: le dit Benefice est de
soixante feux bièn ramassez, et dont consequem-
ment la desserte n'est point pénible: On la permut-
tera contre un Benefice simple tous frais faits, et
l'on ne sera pas fâché sans doute de cette affaire.

Nous avons un lit de quatre pieds et demy,
garni de sa paillasse, de deux matras de boure-
lanisse, traversin, couverture rouge, le tour de lit
à pantes de damas rose seiche. Item, quelques
chaises de mesme parure.

Du Mardy 10 novembre. — *Si quelqu'un veut*
se pourvoir d'un Estat et charge de Tailleur or-
dinaire de la Garde-robe du Roy, avec les privi-
leges, autoritez, prerogatives, gages et droits, en
dependans, nous en avons les Patentes, signées,
scellées, registrées et controllées dont on fera
une honneste composition.

Nous sçavons une belle Hostellerie à louër, qui
a deux issuës, l'une du costé de la ruë Montor-
gueuil, l'autre du costé de la ruë Mauconseil: elle
est tôujours loûée quinze cens livres avec toutes
ses commoditez, et l'on s'adressera au Bureau si
l'on désire la louër, et sçavoir quel est le proprie-
taire.

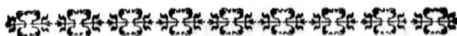

LIVRES NOUVEAUX

dont on a apporté les titres ou les mémoires
au Bureau d'adresse

La vie de Mademoiselle le Gras, Fondatrice et première Superieure de la Compagnie des Filles de la Charité, Servantes des Pauvres Malades ; Par Monsieur Gobillon, Prestre Docteur de la Maison et Société de Sorbonne, Curé de Saint Laurens. Ce livre in-12, vaut 35 S. et se vend chez André Pralard, ruë Saint-Jacques à l'enseigne de l'Occasion.

Heures Canonialles contenues dans le Psaume cent dix-huitième, BEATI IMMACULATI, *etc., avec un commentaire tiré des Saints Peres, augmentées en cette troisième édition de l'explication du Pseaume cinquantième,* MISERERE MEI DEUS *etc. Ce vol. in-12, qui vaut 45 S., se vend chez le meme André Pralard.*

Retraite pour se preparer à la Mort, prise des dernieres paroles et actions de Jesus-Christ, depuis son retour de la Judée jusqu'à sa Passion ; par le R. P. Jacques Nouët de la Compagnie de JESUS ; *ce livre est imprimé chez François Muguet, Imprimeur du Roy et de Monseigneur l'Archevesque, ruë de la Harpe, à l'Adoration des trois Roys.*

*Le bon Amy des âmes du Purgatoire, dressé
en faveur de ceux qui les veulent soulager, nouvelle édition, in-24, qui se vend 10 sols en parchemin et quinze sols en veau, chez Jacques de
Laize-de-Bresche, ruë Saint-Jacques, à l'image
Saint-Joseph.*

Ordo Divinij Officij Recitandi, juxta ritum
Breviarij et Missalis Romani, in quo fuse expli-
cantur ea quæ in recitatione ejusdem Officij, et
celebratione Missarum dicenda sunt, quibusve co-
loribus utendum. Pro anno Domini M. DC.
LXXVII. Pascha occurente 18. Aprillis. Ordina-
bat. P. Fursœus Demissy, Presbyter Congrega-
gationis Oratori, Domini Jesu. Prodebit in lucem
ineunte Decembri. Parisiis Apud Viduam Edmun-
di Martini, via Jacobœa sub Sole aureo, et Sacri-
ficio Abelis.

———————————————

Les jours pour recevoir les Avis et Mémoires,
Affiches, Billets, Ventes, Achapts, Pertes, Secrets, etc. Sont les Lundy, Mercredy et Vendredy
l'apresdinée depuis une jusqu'à six heures du soir;
et l'on taschera de satisfaire ceux qui nous honoreront de leurs visites.

C'est toujours au Bureau d'adresse, sur le grand
Quay de l'Horloge du Palais, au coin de la rue de
Harlay, proche un Notaire.

L'Affiche marque la porte.

JOURNAL

ET SUITE DES AVIS

ET DES AFFAIRES

DE PARIS

Contenant ce qui s'y passe toute la Semaine de plus considérable pour le bien Public.

L'on ne s'estait pas trompé dans sa pensée, lors que l'on a dit dans nos feüilles precedentes, que la fin des Vacations seroit aussi le terme de la sterilité des Avis et des affaires; cette Semaine commence à se ressentir du retour de diverses personnes, puis que plusieurs que nous n'avions point encore veües, ont honoré nostre Bureau d'Adresse de leurs visites, dans l'esperance de le frequenter doresnavant, et d'y trouver le prompt secours qu'elles esperent.

Certes quoy qu'on ait travaillé jusqu'icy sans intermede à l'établissement d'une chose si necessaire au Public; si est-ce que nous pouvons dire dans la verité, que nous cherchons plus que jamais les moyens de la rendre utile, et de la mettre sur un pied, que tout le monde ne s'en puisse passer dans son besoin pressant. Ce n'est rien des com-

mencemens dans toute sorte d'entreprises, la suite
en fait toûjours connoistre l'importance; Et si
quelques particuliers se sont déja bien trouvez de
ce commerce, qu'on peut assurer n'avoir esté jusqu'à present que dans son enfance; Que sera-ce
quand il aura atteint sa perfection, par les soins
assidus que l'on tasche d'y prendre? Les Arbres ne
produisent pas tout à coup des fruits, les fleurs
sont leur premier partage, et l'on juge par elles
ordinairement quelle sera la fecondité du pied qui
les porte, et quelle en sera mesme la nature.

PIETE

Dimanche prochain vingt-deuxiéme Novembre,
on celebrera dans l'Eglise des RR. PP. de la Mercy
Redemption des Captifs, la Feste de S. Pierre
Paschal Religieux du mesme Ordre, Docteur de la
Faculté de Paris, Evesque et Martyr; Monsieur
l'Abbé Tiret y fera le Panegyrique du Saint à
l'issuë de Vespres.

Avis utile

Comme l'instruction de la Jeunesse dans la pieté
et dans les principes de la Lecture et de l'Ecriture
est une des grandes affaires du public, on fait
sçavoir que l'on a étably un lieu dans la ruë

S. Loüis, où tous ceux qui voudront y envoyer
leurs enfans n'auront qu'à s'adresser à M. le Curé
de S. Barthelemy, pour en obtenir un billet, pourvû
qu'ils soient de la Paroisse, ou de la Cité.

Autre Avis en faveur des Provinces et des Nations Etrangeres

Nous esperons dans la suite de nos Cahiers apprendre aux Provinces et Nations étrangeres
quelles seront les modes nouvelles de la Cour et de
la Bourgeoisie, l'ordre que l'on observe dans le
service des bonnes Tables, et mille autres galanteries de cette nature, dont la diversité ne sera, peut-
estre point desagreable.

Biens en criée

Trois seigneuries; l'une dans le païs Blaisois,
l'autre en Touraine, et la troisiéme en Bretagne.
Il faut s'adresser chez M. Jean Drioux Procureur
en Parlement, rue de la Colombe; Paroisse S.
Landry.

On procedera encore le trentiéme Novembre prochain, à dix heures du matin, par devant Monsieur
Messire Charles Hervé, Conseiller en ladite Cour,
Commissaire en cette partie, à la vente et adjudication des quatre Terres Seigneuriales, la première

dans le païs de Tourraine; la seconde, dans le Berry; la troisiéme, en Soulogne du costé d'Orléans; et la quatriéme, en Beausse du costé d'Estampes.

Item, suivant l'extrait des Registres de la Cour des Aydes, a comparu au Greffe Maistre Pierre de la Gardette Procureur de la Cour, lequel a enchery et mis à prix la moitié par indivis, d'un Fief, Terre et Seigneurie importante, consistant en haute, moyenne et basse Justice, cens, rentes, lots et ventes, saisines, amendes, droits de riviere et de pesche, Bateaux, Coches, passage, cours d'eau, moulins, Fours Banaux, Greffes, Tabellionnages, et autres droits honorifiques que l'on peut voir plus au long dans la feüille publiée aux Prosnes des Paroisses.

AVIS & AFFAIRES

DE LA SEMAINE

Apportez au Bureau d'Adresse du sieur Colletet,
pour en informer le Public

Du Mercredy 11 Novembre 1676. — *On demande quatre cens livres à emprunter; on s'obligera de rendre cette somme dans le temps que l'on conviendra, qui sera de six mois au plus, pour seureté de la dite somme on donnera en nantissement les Contracts d'une Boutique sise dans l'étendue des Galleries du Palais, qui ne doit rien, occupée par la personne qui demande l'argent; on sçait que ces sortes d'endroits sont fort bons, et qu'on ne risque rien quand ils sont hypothequez pour une somme modique que l'on prête.*

Du Jeudy 12 Novembre. — *Nous indiquerons à quiconque en aura besoin un fort honneste gentilhomme, qui s'offre de montrer avec toute la facilité possible, la Langue Alemande, et la Latine, s'il est necessaire. Il loge dans un quartier assez commode pour les Etrangers, dont on sçaura le nom au Bureau d'Adresse.*

Du Vendredy 13 Novembre. — *On sçait une*

*belle maison à vendre dans le quartier de la Greve,
appartenant à une Damoiselle, fille usante et
joüissante de ses droits. Elle consiste en deux
corps de logis separez, l'un sur le devant l'autre
sur le derriere, avec une belle et spacieuse cour
qui les sépare, puits, belles caves qui sont de re-
quise en ces quartiers là, et lesdits corps de logis sont partagez en trois ou quatre étages fort
clairs et fort logeables: Elle est louée pour l'ordinaire neuf cens livres, et on la donnera pour
vingt-deux mille livres, avec toutes les assurances
que l'on pourra demander.*

*Du Samedy 14 Novembre. — Nous sçavons un
beau et bon lit à vendre, fort propre de violet cramoisy, dont l'étoffe est admirable. Il est garny
de frange de soye de mesme couleur, il consiste
en pentes et rideaux: le bois y est aussi. Item,
deux fauteuils avec les bois; six sieges ployans,
et un grand tapis de table de mesme étoffe et de
mesme couleur. Le tout ensemble est de quarante-
deux écus, qui sans doute est un prix fort raisonnable.*

*On nous a pareillement indiqué un riche et pre-
cieux Cabinet de sept pieds de hauteur, sur quatre pieds de large; il est garny de vingt-huit
colonnes de cristal de roche, et enrichy d'un grand
nombre d'Agathes et de Lapis, orné de Jaspe et
Agathe de relief: Il est pareillement enrichy de
figures de bronze dorées qui terminent ce magni-*

fique ouvrage, le prix est de deux mille écus et ce n'est rien, après tout, d'en parler, si les curieux ne le voyent.

Du Dimanche 15 Novembre. — *Un jeune gentilhomme de bonne famille, et qui a de bonnes cautions, qui rendront un fidele témoignage de ses mœurs et de sa probité, demande un employ, comme d'Ecuyer d'une Dame, ou de Gouverneur de quelques enfans de condition, ou s'il se rencontre quelque Benefice simple par resignation, on l'obligera de luy en donner avis, et on ne sera pas fâché d'avoir affaire à luy.*

Du Lundy 16 Novembre. — *Un honneste Ecclesiastique, connu sous le nom de Monsieur Cormier, natif de la ville d'Ambrun en Dauphiné, Docteur en Théologie, Chevalier et Protonotaire du Saint Siege Apostolique, Prevost et Chanoine de l'Eglise Collegiale de Ternant en Nivernois, ayant trouvé le secret de plusieurs belles machines sur de nouveau principes deja énoncez dans le neufiéme Journal des sçavants, du onziéme May* 1676, *outre ce qu'on en a dit encore dans les suivans, propose de vendre trois cens mille livres le secret des pompes à balance, par lesquelles la force du courant d'un petit ruisseau, ou la force et les bras d'un seul homme, éleveront continuellement l'eau, à telle hauteur, et en telle quantité qu'il luy plaira, suivant la capacité et la hauteur qu'au-*

16

*ront les tuyaux ou les pompes; par lesquelles
il sera facile aussi d'épuiser les eaux des mines:
lesdits tuyaux pourront estre elevez mesme à
plomb, ou couchez ou rampans le long d'une col-
line, et faire tels contours que l'on voudra. Si
l'on desire avoir plus d'eclaircissement dans
cette matiere, on pourra venir au Bureau d'A-
dresse.*

*Nous sçavons un Ecclesiastique de tres-bonne et
noble famille, assez bien fait de sa personne, âgé
de quarante-cinq ans, ou environ, d'une probité
connuë et d'une capacité suffisante, Docteur en
Theologie, gradué en Droit-Canon et Civil, qui
presche avec quelque succès, et qui n'ignore pas
l'air de converser avec les honnestes gens, ayant
passé par des Emplois d'honneur dont il s'est ac-
quitté de bonne grace; qui souhaite d'estre placé
en qualité d'Aumônier chez quelque Prelat, en la
maison de quelque Seigneur, ou dans quelque
communauté considerable: Ou enfin, chez quelque
Prince, ou personne du premier ordre. Il justi-
fiera toutes ces choses par des actes authentiques,
et le témoignage de personnes de mérite, secu-
lieres et regulieres.*

Du Mardy 17 Novembre. — *Nous sçavons une
Charge d'Aide à Mouleur de bois à vendre, qui
est encore une autre que celles dont nous avons
parlé dans nos Cahiers précédents: on en fera une
tres honneste composition.*

On nous a encore indiqué deux nouvelles maisons à vendre dans la ruë Saint-Antoine, et deux autres dans le quartier de la Place Maubert.

Item, une Charge sur le Charbon que l'on pourra avoir à bon compte.

Et une fort belle Terre à prix raisonnable, dont la situation et le revenu s'apprendront aisément dans notre Bureau d'Adresse.

Un Particulier a un Canonicat de cinq à six cens livres de revenu bien assuré, situé en Lorraine; on le permutera contre un Benefice simple alentour de Paris; et l'on aura de la satisfaction avec celuy qui veut traiter de cette affaire Ecclesiastique.

On nous a apporté un avis au Bureau d'Adresse, d'une place à vendre propre à bastir, située dans un des meilleurs endroits du Fauxbourg Saint-Germain, où mesme on a déja basty quelques maisons, ladite place jusqu'à present a toûjours esté loûée quatorze à quinze cens livres; et l'on en fera un prix raisonnable en donnant toutes les seuretez necessaires pour en faire l'achapt.

LIVRES NOUVEAUX

dont on a apporté les Titres ou les Mémoires
au Bureau d'Adresse.

*Les Pensées de Monsieur d'Assoucy dans le
Saint Office de Rome, dediées à la Reine, avec
le Livre de sa prison, en Prose et en Vers de-
diée au Roy. Ces volumes in-12 se vendent à
Paris, chez Guillaume de Luynes, Libraire Juré,
au Palais, dans la Gallerie des Merciers, sous
la montée de la Cour des Aides, à la Justice. Et
chez Antoine de Raflé, ruë de Petit-Pont, proche
le petit Chastelet, au Chaudron. En veau 10 S.,
et en parchemin, 15 S. Par le nom de l'Auteur,
si connu dans la République des belles Lettres,
on pourra juger du merite de ces deux Ouvrages.*

*Pensées de Monsieur de Bernieres Louvigny,
Ou sentimens du Chrestien Intérieur sur les principaux Mystères de la Foy. Pour les plus
grandes Festes de l'année. Ce volume in-12. se
vend 20 S. à Paris, chez Edme Martin, au Soleil d'or, et au Sacrifice d'Abel, et chez Sebastien
Cramoisy, à la Renommée ruë Saint-Jacques.*

*Le Chrestien Interieur, ou la Conformité inte-
rieure que doivent avoir les Chrestiens avec Jesus-Christ: divisé en huit livres, qui contiennent*

des sentimens tout divins, tirez des Ecrits d'un grand Serviteur de Dieu de nostre siecle, augmenté des Pensées de Monsieur de Bernieres de Louvigny. Ce livre in-12 se vend 40 S. chez la Veuve Martin, ruë Saint-Jacques.

Les jours pour recevoir les Avis et Memoires, Affiches, Billets, Ventes, Achapts, Pertes, Secrets, etc. sont les Lundy, Mercredy, et Vendredy l'apresdinée depuis une jusqu'à six heures du soir; et l'on taschera de satisfaire ceux qui nous honoreront de leurs visites.

La distribution des Journaux se fera désormais au Bureau seulement sur le quay de l'horloge du Palais, le Jeudy à l'ordinaire.

DIX-HUITIÈME

JOURNAL
ET SUITE DES AVIS
ET DES AFFAIRES
DE PARIS

CONTENANT CE QUI S'Y PASSE
tous les jours de plus considérable pour le bien public

Les Villes les plus fameuses n'ont esté que des
Bicoques dans leur commencement : Rome qui
fut la Capitale du Monde, n'eut point d'autres fon-
demens que des fossez de terre, et son étenduë ne
fut gueres que d'un arpent. Les Palais et les Lou-
vres les plus magnifiques ne sont d'abord qu'un
amas confus de materiaux, que le genie des Ouvriers range avec tant d'industrie, qu'enfin les yeux
ne se peuvent lasser de voir de si somptueux Ouvrages. Toutes les entreprises des hommes dans
toutes sortes d'établissements ont un sort pareil;
mille obstacles les rendent difficiles, et mille con-
trarietez semblent faire souvent douter de leurs
succès. Mais quand la prudence de ceux qui les
conduisent a triomphé par leurs travaux et par
leur œconomie de tout ce qui faisoit teste à leurs
desseins, les peuples sont tout à coup surpris de
voir fleurir, ce qu'ils pensoient devoir avorter dans
sa naissance. Telle a esté l'affaire du Bureau

d'Adresse : on l'a considéré d'abord comme une Tentative infructueuse. Mais depuis que nos soins ont rendu la chose un peu plus connuë, et qu'on a goûté les fruits de son utilité, les yeux ont esté désillez, on a loüé hautement ce qu'on avoit blâmé en secret, et la suite des temps fera connoistre qu'il n'y aura rien de plus commode pour maintenir le commerce parmy les honnestes gens.

PIETÉ

Jeudy prochain on doit solemniser la Feste de Sainte Geneviéve du miracle des Ardens dans son Eglise Paroissiale, ruë neuve Nostre-Dame, où il y aura Indulgence pleniere, et Predication à deux heures par Monsieur Hideux, Curé des Saints Innocens.

Le Dimanche suivant 29, on celebrera en l'Eglise des Augustins Reformez du Fauxbourg S. Germain une des Festes principales de la Confrairie des Agonisans, où le tres-saint Sacrement sera exposé; et le sermon se fera sur les trois heures.

Avis utile

Un Maistre Tailleur donne avis au public, qu'il a depuis peu trouvé le secret de faire des corps de fil de fer si proprement et avec tant de délicatesse, qu'il n'y en a jamais eu de si legers, jusques-là mesme qu'ils peuvent se mettre avec toutes sortes d'habits sans aucune garniture. Si l'on desire s'en servir, on sçaura son nom et sa demeure dans le Bureau d'Adresse.

Biens en criées

Une maison size à la Ville-neuve sur Gravois, quartier de Nostre-Dame de Bonnes nouvelles, qui est fort bien située, en bel air, dans le voisinage des belles promenades. Ladite maison est bien bas-tie, et tout à neuf; on la peut avoir à bonne com-position, vû que les personnes qui veulent s'en défaire sont fort traitables.

Autre

Située au Fauxbourg S. Lazare, dans la grande ruë, consistant en deux grands corps de logis, l'un sur le devant, l'autre sur le derriere; le tout à porte cochere, cour, puits, et autres commoditez; accom-pagnée d'un grand jardin planté de bons arbres fruitiers : outre ces dependances il y a encore deux arpens de vignes, et quelques terres labourables : ce qui pourra estre donné à bon compte.

Offices et Charges à vendre

Une Charge de Procureur de la Cour.

Une autre Charge de Commissaire Enquesteur, Examinateur au Chastelet de Paris.

Autre Charge de Procureur en la Chambre des Comptes, sans pratique; la bourse commune rap-porte seule plus que l'interest de l'argent : de sorte qu'une personne qui voudra s'y attacher, pourra s'y faire un revenu considérable.

Maisons à vendre

Comme il vient tous les jours quantité d'avis au Bureau touchant les Maisons, nous ne sçaurions nous dispenser d'en marquer icy quelques-unes, situées en divers quartiers de la Ville et Fauxbourgs de Paris.

Une grande maison à porte cochere, bâtie de neuf, quartier de la ruë S. Martin, consistant en deux corps de logis fort considerables.

Une autre dans le mesme quartier de la ruë Saint Martin, consistant en deux corps de logis, grande cour qui les separe, et diverses autres commoditez.

Campagne

Une Maison en Brie, à cinq lieuës de Paris, consistant en cinq arpens de vignes, quarante arpens de terres labourables, et plus de seize arpens qui en dépendent encore pour faire un Clos considerable, sans y comprendre des prez, des bois, et autres petites maisons de rapport.

Rentes

Nous sçavons six cens livres de Rente en deux parties sur le Sel; celui qui les voudra acheter s'en accommodera facilement avec celui qui s'en veut defaire.

AVIS & AFFAIRES

DE LA SEMAINE

Apportez au Bureau du sieur Colletet, pour en
informer le Public.

Du Mercredy 18 Novembre 1676. — *Un fort
honneste Ecclesiastique de la ville d'Embrun en
Dauphiné, dont nous avons deduit les qualitez au
Journal precedent, possesseur d'un beau Benefice
dans une Eglise collegiale, sous le titre de Nostre Dame, desire pour quelques raisons particu-
lieres, qu'il déduira lors qu'il en sera besoin, se
defaire dudit Benefice, et le permuter pour un
autre à simple Tonsure. Il y a quelques Cures
annexées audit Benefice, et il donnera lumière de
toutes leurs fondations. Si celuy qui permutera
demande si ce Canonicat oblige à residence, il
pourra sçavoir qu'aucune fondation ne porte que
le Prevost y sera obligé; mais elles ne disent pas
aussi qu'il en soit dispensé ; La Maison Prevostale
est tres belle, tres grande et tres commode, ce
qu'elle n'estoit pas autrefois, l'ayant fait rebâtir
à ses dépens. Le lieu de la situation dudit Benefice est un païs delicieux, où il croist de bon vin,
seigle, froment et bois pour le chauffage appartenant au Chapitre. Il est du diocese d'Autun, à*

deux lieües de la Riviere de Loire; et pour pos-
séder cette Dignité Ecclesiastique il faut estre
Prestre dans l'année.

Du Jeudy 19 Novembre. — *On sçait une Charge*
fort considerable à vendre dans la Maison du
Roy; elle rapporte un revenu proportionné au
prix fort raisonnable qu'elle sera venduë; celuy
qui desirera en traiter, n'aura qu'à s'adresser
dans nostre Bureau, où il sera plus amplement
instruit de toutes choses.
   Nous sçavons une jolie Maison de campagne à
vendre, éloignée de Paris d'une lieuë et demie
seulement; elle consiste en deux ou trois appar-
temens considerables : rien n'y a esté épargné
pour la propreté, ny pareillement pour la cime-
trie; ceux qui desireront l'acheter, n'auront qu'à
s'adresser dans nostre Bureau, et on leur en fera
faire une honneste composition.

Du Vendredy 20 Novembre. — *On sçait une*
Charge de Receveur des Tailles à vendre à une
lieuë de Paris; elle est du prix de dix mille écus,
et rapporte plus que le denier dix ; le particulier
qui la possede est une personne d'accommodement,
jusques-là qu'elle pourra se contenter de la moi-
tié de la somme, si elle ne se trouve pas entiere.
   Un Bourgeois Marchand de Paris demande la
somme de quatre cens livres à emprunter pour
dix-huit mois, et donnera pour nantissement outre

*la constitution, de bons Contracts de rente, et
autres bonnes assurances, qui meritent bien que
l'on pense à cette affaire.*

Du Samedy 21 Novembre. — *On sçait dans
nostre Bureau d'Adresse une Charge de Receveur
des Tailles, un peu éloignée de Paris, mais qui ne
laisse pas d'être de revenu : Elle est du prix de
vingt huit mille livres ou environ.*

*Nous en sçavons une autre dans la Maison du
Roy pareillement à vendre; Elle est d'un prix
fort considerable, les droits en sont beaux, et les
appointements se montent à la somme de cinq mille
livres.*

*Item, une Office sur le charbon qu'on ne doit
pas négliger, puisqu'elle rapporte plus que l'interest de l'argent.*

*Autre Office de Conseiller des Monnoyes à
vendre à douze cens livres de gages dont on est
exactement payé.*

Du Dimanche 22 Novembre. — *Il se presente
une Office de la Chambre des Comptes à vendre,
sans pratique, dont on fera une honneste composition.*

Du Lundy 23 Novembre. — *On sçait une Chapelle, ou petit Benefice simple dans une Abbaye
Royale proche de Paris, qui servira de Titre
honoraire à ceux qui desireront mettre le pied*

*dans l'Eglise, pour n'estre pas appelez Prieur
sans fondement. C'est* AD RESIGNANDUM.

*On demande cinq cens livres à emprunter sur
un magnifique Lit de velours cramoisi, en bro-
derie d'or et d'argent. Il vaut plus de cinq cens
écus, et on ne gardera cette modique somme que
trois mois au plus.*

*On nous demande une belle Terre de vingt-
quatre ou vingt cinq mille écus, qui soit de rapport, et qui ait de beaux titres et droits, comme,
haute, moyenne et basse Justice, Fief, etc. et l'on
trouvera des personnes tout à fait accommodantes.*

Du Mardy 24 Novembre. — *Une personne incommodée demande une maison à la campagne, à
deux, trois, ou quatre lieuës de Paris tout au plus,
où il puisse aller par eau : il échangera la maison
qu'il occupe en cette Ville contre celle qu'il demande, et s'il y a du retour, il le payera comptant.*

*On sçait une Charge de Secretaire du Roy à
vendre, du ressort d'un des grands Parlemens de
France ; Ladite Charge à tous les mesmes titres et
droits, honneurs et priviléges que ceux des deux
cens quarante. L'on remarquera que lesdites
Charges sont hereditaires, et n'obligent ceux qui
en sont pourvûs à aucune residence, et leur rendent au moins quinze cens livres de profit, quoy
qu'ils ne les exercent pas ; mais quand ils les exercent, ils joüissent de tous les autres droits et prerogatives.*

LIVRES NOUVEAUX

dont on a apporté les Titres, ou les Memoires
au Bureau d'Adresse.

*Table abregée et tres facile pour l'intelligence
de ceux qui touchent le Theorbe, sur la Basse-
contre, par le sieur Fleury, seconde Edition. Ce
Volume se vend à Paris chez Christophe Ballard,
Imprimeur de la Musique du Roy, rue S. Jean de
Beauvais, proche le Puits-Certain.*

*Dissertation historique de la Regale sur les
Archeveschez et Eveschez de France, et pour sça-
voir si elle peut et doit estre étenduë sur les Ab-
bayes. Par Maistre François Puisson Advocat en
Parlement. Ces feüilles in folio se vendent* 10 S.
*chez Charles de Sercy, au sixiéme pillier de la
Grand'Salle, vis à vis la montée de la Cour des
Aydes, à la Bonne Foy.*

*Le sieur Antoine de Raflé, Marchand Libraire
à Paris, ruë du Petit-Pont, à l'Enseigne du Chaudron, vend quatre Volumes de Noels anciens et
nouveaux, de la composition du sieur Colletet, tous
reliez ensemble, ou separément.*

Le premier in 8° *dedié à Madame la premiere
Presidente, se vend relié en veau* 25 S. *en parchemin* 18 S. *et en papier marbre* 12 S.

Le second, dedié à Madame la Duchesse de

Saint-Aignan, mesme Volume, est du mesme prix.

Le troisiéme, dedié à Monseigneur le Duc Mazarin, avec les deux autres parties, dediées à deux autres personnes, se vendent suivant leurs reliures.

Les jours pour recevoir les Avis et Memoires, Affiches, Billets, Ventes, Achapts, Pertes, Secrets, etc., sont les Lundy, Mercredy et Vendredy l'apresdinée depuis une jusqu'à six heures du soir; et l'on taschera de satisfaire ceux qui nous honoreront de leurs visites.

La distribution des Journaux se fera desormais au Bureau seulement sur le Quay de l'Horloge du Palais, le Jeudy à l'ordinaire.

inuenire

www.ingramcontent.com/pod-product-compliance
Lightning Source LLC
Chambersburg PA
CBHW070810270326
41927CB00010B/2377